东北振兴与东北亚区域合作

Revitalization of Northeast China and Regional Cooperation in Northeast Asia

总第五辑（2020 年第 1 期）

林木西 主编

中国财经出版传媒集团
经济科学出版社
Economic Science Press

图书在版编目（CIP）数据

东北振兴与东北亚区域合作．总第五辑：2020 年．第 1 期/林木西主编．—北京：经济科学出版社，2020.9

ISBN 978 -7 -5218 -1856 -7

Ⅰ.①东… Ⅱ.①林… Ⅲ.①区域经济发展 - 研究 - 东北地区②东北亚经济圈 - 区域经济合作 - 研究 Ⅳ.①F127.3②F114.46

中国版本图书馆 CIP 数据核字（2020）第 170272 号

责任编辑：宋　涛
责任校对：杨　海
责任印制：李　鹏　范　艳

东北振兴与东北亚区域合作
林木西　主编
经济科学出版社出版、发行　新华书店经销
社址：北京市海淀区阜成路甲 28 号　邮编：100142
总编部电话：010 -88191217　发行部电话：010 -88191522
网址：www.esp.com.cn
电子邮件：esp@esp.com.cn
天猫网店：经济科学出版社旗舰店
网址：http：//jjkxcbs.tmall.com
北京季蜂印刷有限公司印装
787×1092　16 开　9.25 印张　180000 字
2020 年 10 月第 1 版　2020 年 10 月第 1 次印刷
ISBN 978 -7 -5218 -1856 -7　定价：32.00 元

《东北振兴与东北亚区域合作》

Revitalization of Northeast China and Regional Cooperation in Northeast Asia

前言
PREFACE

经过辽宁大学东北振兴研究中心、辽宁省东北地区面向东北亚区域开放协同创新中心的认真准备和相关研究人员、编辑的共同努力，致力于东北及东北亚经济研究的这本专业学术文集正式出版，这是我们在推动东北及东北亚经济研究方面的又一项重要努力，也为相关研究人员、专家学者进行学术交流、展示学术成果、扩大学术影响提供了又一重要媒介平台。

2017 年，辽宁大学应用经济学科入选教育部建设世界一流学科序列，是东北地区唯一一家入选的经济学科；同年，辽宁大学东北振兴研究中心入选中国智库索引（CTTI）来源智库。“东北地区面向东北亚区域开放协同创新中心”于 2014 年获批为辽宁省协同创新中心。上述单位多年来致力于东北及东北亚经济、区域经济方面的研究，先后获批相关领域国家级重大、重点项目十多项，产生了一批标志性成果，为推动区域经济发展发挥了重要作用。

当前，中国特色社会主义进入新时代，东北经济发展、东北亚区域合作出现许多新情况与新问题，面临许多新挑战与新机遇，也给学术界提供了许多亟待研究的新课题。目前，国内外对于东北经济问题非常关注，学术界也已经形成东北振兴战略实施以来的第二波研究高峰。辽宁大学应用经济学科在学科建设规划中，继续将东北振兴与东北亚区域合作作为教学科研主攻领域，希望与学界同仁共同努力，推动相关研究进一步深入，为东北振兴与区域发展贡献力量。

《东北振兴与东北亚区域合作》集聚了具有较高质量的东北振兴、东北亚区域合作及相关领域的研究论文、综述、调查报告。主要涵盖了“东北经济”“东北亚区域合作”“一带一路”“区域经济”“产业经济”“宏观经济”“理论热点”“书评”等方面的内容。特别欢迎有关东北体制机制、经济结构、东北经济史、非正式制度与正式制度分析、东北亚政治经济最新发展等方面的原创性论文及文章。

求道无篱，经世致用，《东北振兴与东北亚区域合作》坚持理论联系实际，鼓励学术创新争鸣，努力营造自由、平等、宽松、严谨的学术研究环境氛围。学术乃天下之公器，文章为经国之大业。我们感谢学界同仁对文集的支持与帮助，愿与大家一起，齐心合力，为推动东北经济研究进一步深入而努力奋斗。

林木西

2018 年 6 月

目录

CONTENTS

目录

东北全面振兴的国有企业定位及功能：一个历史视角的分析*

乔 榛**

摘 要：东北全面振兴是在中国经济进入新常态后，为应对东北经济快速下滑形势而做出的新的战略安排。实现东北全面振兴意义重大、任务艰巨，国有企业应处于怎样的地位、发挥怎样的功能，是一个无法回避的问题。东北地区的国有企业规模大、比重高，这一直以来都被认为是改革开放后东北地区经济发展滞后的一个重要原因。然而，随着国有企业的改革深化和比重下降，东北地区的国有企业与民营企业逐渐形成一种新的关系。既然国有企业和民营企业都是社会主义市场经济的重要组成部分，都要毫不动摇地坚持发展，那么形成一种国有企业与民营企业的动态平衡关系应该是国有企业改革的一个方向。东北地区过大的国有企业比重不利于形成经济活力，但随着国有企业比重降低，一定会呈现边际活力增强的趋势。从这个意义上讲，东北地区国有企业在新的经济环境下一定可以发挥出积极的作用。为此，要在处理好与民营企业关系的基础上，通过探索新的国有企业改革路径，使国有企业在东北全面振兴中发挥积极作用。

关键词：东北振兴 国有企业 民营企业

* 基金项目：黑龙江省哲学社科研究规划项目：黑龙江省现代服务业异质成长路径研究（16JYB12）。

** 作者简介：乔榛（1964～），男，内蒙古集宁人，黑龙江大学经济与工商管理学院教授，经济学博士，主要从事社会主义经济理论研究。

一、引　言

进入21世纪，中国经济发展出现了一些新变化，改革开放后推行的区域间梯度发展战略逐步演化为地区间新的发展不平衡问题。东部沿海地区经济借助最先获得改革开放红利而取得了快于全国其他地区的经济增长，与中西部地区逐渐拉开了差距。随着这一差距越来越大，中央意识到这种地区差距将会影响到我国经济的可持续发展，决定实施一系列旨在遏制地区差距不断扩大趋势的新战略。2000年1月，国务院成立了西部地区开发领导小组，由总理和副总理担任正副组长，并经同年的全国人民代表大会审议通过，国务院西部开发办正式开始运作。这也意味着西部大开发正式启动，并把它作为促进地区协调发展的第一个战略安排。之后，2003年10月，中共中央、国务院发布《中共中央、国务院关于实施东北地区等老工业基地振兴战略的若干意见》，这使得东北这个在新中国历史上有过无数辉煌的地区也被纳入地区协调发展战略规划中。在实施东北振兴战略之后，国家还对中部崛起作了战略规划，如此，一个促进我国地区经济协调发展的战略安排初步形成。

东北地区等老工业基地振兴，与其他地区的“开发”和“崛起”有所不同。概括地讲，就是东北地区振兴具有巨大的沉淀成本和严重的路径依赖。资源型城市众多，计划经济时期建设的工业有着较高的比重。如黑龙江省的13个地区级城市中有7个属资源型城市。这不仅形成了巨大的包袱，而且还限制了增量经济发展。因此，东北老工业基地振兴相对来说更为艰难。2003年开始实施的第一轮东北振兴战略，重点以社会保障、增值税转型、豁免企业历史欠税、国有企业政策性破产、中央企业分离办社会职能等政策来实施。[1]很明显，实施东北老工业基地振兴首先需要解决的是一些历史问题。应该说，以此为出发点的东北老工业基地振兴，以及为此所采取的一些振兴政策和措施是具有针对性的，也是有一定效果的。有数据显示，1990～2002年，东北三省GDP增速多数年份低于全国平均水平，更低于东南沿海的发达省份。经过首轮东北振兴，GDP增速年均达到12.6%，多数年份高于全国平均水平，2007～2012年更是高于苏浙粤三省。[2]然而，进入21世纪的第二个10年后，随着国际形势的变化以及中国经济发展进入新常态，东北地区经济面临新的难题，经济增长速度不仅与全国同步进入下降通道，而且在2014年以后更是出现“断崖式”下降趋势，并形成在全国整体性垫底的局面。这一年，东北三省的辽宁、吉林、黑龙江的经济增速分别是5.8%、6.5%和5.6%，位列全国后五个增长最慢的省份中，东北成为全国经济增长速度最慢的板块。[3]这种整体性现象，引起了全国普遍关注，一时间人们对东北地区经济的质疑、担忧、期盼的声音充斥了各种媒体，当然，也引起了党中央和国务院的重视。东北地区的特殊位置，及其承担的各种国家安全功能，要求必须遏制这种趋势的深化。为此，党中央和国务院启动了新一轮东北振兴。

2015 年 12 月，习近平总书记主持召开中共中央政治局会议，审议通过了《关于全面振兴东北地区等老工业基地的若干意见》，为东北振兴提出了新方案。2016 年 4 月，《中共中央　国务院关于全面振兴东北地区等老工业基地的若干意见》的出台，标志着新一轮东北振兴全面启动。鉴于上一轮振兴主要解决的是生存问题，而新一轮振兴则要解决转型发展问题，[4]因此，对振兴的思路和策略必然提出新的要求。如何实现东北地区新一轮振兴？在选择新一轮东北振兴的思路和对策时的主要着力点是什么？回答这些问题，一定有不同的答案。本文提出，实现新一轮东北振兴主要解决转型发展问题，不能延续过去以追求经济增长速度为主要目标的发展思路，而应该在结构性改革上做文章，形成以实现高质量发展为目标的振兴思路。为此，有一个问题一定不能回避，就是如何发挥东北地区国有企业的作用？人们在过去谈到东北地区改革开放后的增长滞后时，总是把国有企业比重大，民营经济不发展作为一个重要原因。[5]因为，比较东北地区与东部沿海发达地区改革开放后的经济增长轨迹，一方面东北三省相对于东部沿海发达省份的经济增长速度相对较慢；另一方面东北三省相对于东部沿海发达省份的国有企业比重相对较高。这让人很容易得出东北地区经济增长缓慢与国有经济比重大有关的结论。这只反映了部分事实，对国有经济的比重可以调整，但决不能因此否定国有企业的功能。东北地区国有经济比重大确实需要调整，但国有企业在东北地区所发挥的作用在任何时期都是不能否定的，重要的是，我们必须认识到国有企业在不同发展阶段应有不同的地位和发挥不同的功能。

本文将通过对东北地区国有企业发展历程及发挥功能的梳理，发掘国有企业在东北地区经济发展中所处地位和所发挥功能的变化趋势，进一步讨论在全面振兴东北的新背景下国有企业具有的新地位和新功能，最后探索国有企业适应这种新地位和新功能必须进行的改革路径。

二、东北地区国有企业发展历程及发挥的功能

东北地区国有企业形成与发展的历史与新中国成立后的制度变迁历史密切相关。其发挥的功能与国有企业的地位和所处的经济环境紧密相连。一部东北国有企业的发展史可以高度显示新中国成立后东北经济变迁的历史。

东北地区国有企业是伴随国民经济恢复时期没收官僚资本、外国资本和买办资本而建立起来的。新中国成立之前，东北地区具有相对较好的工业基础，不仅在国内重化工业领域占有很高的比重，而且在整个东北亚处于领先地位。1943 年，东北煤炭

生产占全国的49.5%，生铁占全国的87.7%左右，钢材占全国的93%，电力占全国的78.2%，铁路占全国的42%。[6]但是，这些工业都为外国资本或官僚资本所占有。新中国成立后，采取了一系列措施恢复国民经济，为向社会主义过渡做准备，其中的一项举措就是没收官僚资本和外国资本变为国有企业。由于东北地区的官僚资本和外国资本占比高，规模大。因此，通过没收官僚资本和外国资本建立起来的国有经济远远地领先于全国水平，在新中国成立之初的工业化建设中处于重要地位。

进入“一五计划”建设时期，东北地区基于各种优势和有利条件，成为共和国工业化建设的先锋，因此也被称为“共和国的长子”。东北地区由于其资源丰富、工业基础好，被列为“一五”时期优先发展地区，苏联在此时期对华援助的156项工程，其中有57项落户东北。自此，东北进入了全面开发阶段，伴随这一过程，国有企业也进入大发展阶段。在新中国的社会主义经济建设进程中，东北地区的资源开发和工业发展也进入了一个快速推进的新时期。北大荒建设、大庆油田开发、“三大动力”、长春第一汽车制造、吉林化工、鞍山钢铁、抚顺电厂等工农业大项目建设，开启了东北地区快速开发和工业化进程，国有企业因此进入快速发展的轨道。随着社会主义改造的顺利完成，东北地区国有企业，特别是国有工业企业发展处于全国的领先水平，在新中国的经济建设中发挥了非常关键的作用。与此同时，国有企业的发展成就了东北地区经济的辉煌。在整个计划经济体制时期，东北地区的经济都领先于全国的平均水平，1978年之前，辽宁、黑龙江、吉林这三个东北省份，经济规模处于全国前列。20世纪60年代，东北三省的经济总量占到全国18%；人均收入也处于全国前列；全国前20大城市中，有6个东北城市上榜。

然而，在改革开放后，东北地区的国有企业进入了一个新的发展轨道。国有企业发展有了新的标准，不同于计划经济体制时期国有企业发展的“追多”“求大”的标准，而把“增效”和“搞活”作为国有企业发展的新目标。如此，东北地区国有企业发展面临着新考验、呈现出新轨迹。按照放权让利的总思路，国有企业改革逐步推进。进入20世纪80年代中期，中国经济体制改革由农村转向城市，国有企业改革便成为经济体制改革的中心环节。国有企业改革是针对自身存在问题进行的改革，但是，国有企业改革的推进则需要一些外部环境的支持，包括民营经济发展的程度、国家改革政策推出的节奏等，都在一定程度上影响着国有企业改革的进程。这些因素又决定了国有企业改革在各个地区推进的很不平衡，表现为有的地区国有企业改革比较迅速，有的地区国有企业改革较为缓慢。东北地区的国有企业改革进程相对于东南沿海地区的国有企业改革较为迟缓。其原因在于，民营经济不发达，难以形成对国有经济的竞争压力；国有企业多属于资源型和重化工业，是国家循序渐进推进国有企业改革的滞后安排选项。这一原因决定了东北地区国有企业比重一直远远地高于全国的平均水平，成为人们认识东北地区改革开放后经济增长相对滞后的一个重要原因。

进入21世纪，国家为推进区域协调发展而推出了一系列区域发展战略，其中，东北振兴战略是重点推进的战略。这为国有企业改革和发展创造了新的机会和条件。从实际的情况来看，在第一轮东北振兴中，东北地区经济增长取得了较好的成绩，增长速度超过了全国平均水平，形成了改革开放后东北地区较好的一个经济增长期。然而，这一增长迟滞了东北地区的结构调整，最终导致因为难以适应中国经济进入新常态而形成经济增长快速下滑的局面。为此，国家推出第二轮东北振兴，目标也相应地转变为全面振兴全方位振兴。在这种新形势下，如何对待国有企业？这实际上涉及一个深层次的问题，即如何认识国有企业所发挥的功能？

在对东北地区国有企业发展历程的简单梳理中，可以发现在计划经济体制和改革开放两个时期，国有企业所发挥的作用并不相同。这表明国有企业发挥怎样的功能是有其制度背景的。东北地区的国有企业在计划经济体制下不仅是国家对生产资料占有的最集中地区，而且也是国家经济计划的重要执行者。因此，东北地区国有经济比重大，国有企业比较集中的特点，不仅在全国的社会主义经济建设中发挥了重要作用，而且也推动了东北地区的经济走在全国的前列。1978年，东北三省的辽宁、吉林、黑龙江人均GDP水平分别为674.7元、381.5元和558.6元，均高于全国人均379元的平均水平，也高于广东人均336.9元和浙江人均329.8元的水平。[7]但是，东北地区的国有企业在进入改革开放后其发挥的作用发生了一些变化。首先，东北地区国有企业多集中在资源开发和重化工业领域，这些不仅关系国民经济命脉，而且也是国家重要支柱产业，因此，在渐进式改革安排中，这些领域的改革相对滞后，无法在改革开放中起到引领作用；其次，东北地区国有企业比重大，国有经济体系比较完整，民营经济发展的空间相对较小，因此，东北地区的国有企业状况一定程度地限制了民营企业发展；最后，东北地区国有企业相对滞后的改革，客观上起到了为改革开放提供稳定环境的作用，也就是承担了比较大的改革成本。[6]对东北地区国有企业在改革开放后所发挥功能的认识，应该辩证地来看，虽然东北地区国有企业在改革开放后对东北地区经济增长的拉动作用相对较小，但就东北地区国有企业为中国改革开放稳定推进所做的贡献来看，是发挥了巨大作用的。不过，如此评价东北地区国有企业在改革开放后所发挥的功能，并不能改变国有企业比重大的东北地区在改革开放后经济增长相对滞后的事实。而对于东北地区来说，主要目标是实现东北振兴。在这样的目标下，如何发挥好国有企业的作用，成为实现东北振兴必须面对的问题。为此，需要给国有企业在东北振兴中以新的定位，并确定国有企业在新的形势下应该发挥的新功能。

三、东北全面振兴的国有企业新定位和新功能

东北地区国有企业发展历程表明，其发挥的功能与体制环境有关，也与所处的地位有关，还与形成的竞争环境有关。在计划经济体制下，国有企业是最重要的国民经济主体，是国民经济计划的实际执行者，不存在与之竞争的其他主体。因此，国有企业的发达程度不仅关系到国民经济计划的执行情况，也决定了不同地区经济发展情况。在这样的背景下，东北地区因为国有企业的突出地位而显示出自己的发展优势，取得了经济发展的较好成绩。然而，随着经济体制改革的不断深化，市场作为资源配置的基础性作用不断增强，国有企业在适应市场经济方面存在着一定的劣势，主要表现在相对于民营企业的竞争力较弱。在这一新的背景下，东北地区国有企业比重大，尤其是资源型国有企业和能源、装备制造业国有企业比重大，造成国有企业改革的步伐比较慢，再加上民营经济发展滞后，对国有企业形不成竞争压力，搞活国有企业比较难，从而影响了东北地区的经济增长。也是在这一背景下，人们聚焦东北振兴时，把深化国有企业改革作为实现东北振兴的一个重要途径。应该说，这是符合逻辑的一种选择。但如何改革国有企业？并不是使国有企业越少越好，也不是说国有企业不能在东北振兴中发挥重要作用。对于改革东北地区国有企业这一命题，必须有新的思考。因为，几十年的经济体制改革以及中国经济进入新常态，提出对国有企业必须重新认识、重新定位，并让它发挥新功能的新命题。而就东北地区来说，这一命题显得更为突出，也更为重要。

尽管我们要改革国有企业，但必须坚持国有企业的主导地位。国有企业的存在，不仅是社会主义基本经济制度所要求的，而且也是中国改革开放后取得经济增长“奇迹”的一个重要支撑。如果只讲市场化改革，那么有许多国家进行市场化改革，为什么只有中国取得如此巨大的经济成绩呢？国有企业在中国经济运行中所发挥的作用，绝不是人们表面看到的国有企业机制不活，难以成为真正市场主体的问题，对国有企业进行改革，绝不只是转换机制、增强活力的问题。一方面国有企业要适应市场经济进行改革；另一方面国有企业依然承担着两个特殊的功能，即保证社会主义基本经济制度的性质以及为改革开放提供稳定的经济环境。由于在改革进程中，不断深化国有企业改革更为人们所关注，因此，国有企业的其他功能被人们忽视。现在，我们要讨论实现东北振兴的国有企业定位和功能问题，必须从国有企业的主导地位和多重功能出发。

实现东北全面振兴离不开国有企业。国有企业在东北全面振兴中应该继续处于主导地位，但主导的方向需要有所调整。国有企业在东北地区的占比较高，2013 年，

辽宁、吉林、黑龙江三省规模以上国有工业企业占规模以上工业企业总资产的比重分别为45.80%、54.09%和64.69%，而同期的全国平均水平为10%左右。这虽然可以解释东北地区增长缓慢的原因，但是并不能因此得出只要把东北地区的国有企业比重降下来，东北地区的经济增长速度就会上去的结论。因为，在没有形成可以替代国有企业的强大的民营企业力量时，国有企业的退出会给东北地区经济带来更大的困难。从理论上讲，降低东北地区国有企业的比重，是搞活东北地区经济的一种途径，但从实践上来看，如何降低国有企业比重却是一个挑战。在东北地区要形成强大的民营企业力量，确实面临着诸多的不利因素。首先是民营企业发展面临的竞争环境越来越激烈，而且在信息化程度不断提高的趋势下，对民营企业成长要求的条件也提高了，这对于像东北民营经济发展基础薄弱的地区来说，很难站在竞争的制高点上；其次是东北地区的经济结构很难为民营企业发展腾出更多的空间，重化工业占比大，而且都为国有企业所经营，民营企业很难向这些领域渗透，民营企业可能涉及的领域又因为缺乏先发优势，竞争力较弱，发展受到限制；最后营商环境相对较差影响了民营企业的内部培养和外部引进。如此，在东北经济结构中的两大市场主体——国有企业和民营企业，目前尚未形成一种良性互动、有效竞争的格局。因此，无论是推进国有企业改革，还是致力发展民营经济，都有一些难题需要解决和一些挑战必须面对。在解决和应对这些难题和挑战时，首先一个问题是绕不开的，即必须给国有企业重新定位，当然，相应地也需要给民营企业重新定位。

国有企业和民营企业是社会主义市场经济的两个重要主体。"两个毫不动摇"表明二者是社会主义初级阶段基本经济制度的重要组成部分，充分地发挥国有企业和民营企业的作用，是中国经济发展的两个重要动力来源，更是东北地区经济发展的两个重要支撑力量。不过，在处理二者关系时，必须坚持一个标准，该标准以达到国有企业和民营企业最优结合为目标，即要找到二者并存的平衡点。给国有企业和民营企业定位，关键在于把握好国有企业和民营企业的动态平衡关系。在国有企业比重过大，效率较低时，发展和扩大民营企业会带来总体效率提升的效果；相反，在民营企业比重过大，效率降低时，发展国有企业也会带来总体效率提升的效果。改革开放后，由国有企业改革引起其比重下降的同时，民营企业逐步发展壮大，伴随这个过程的是，国民经济快速增长。东北地区尽管也有相同的趋势，但这一趋势变动的较慢，国有企业比重大的问题一直得不到很好解决，而民营企业也得不到很好发展，从而限制了总体效率的提升和增长速度的加快。然而，在新的形势下，东北地区国有企业一方面需要调整自己的比重，以追求与民营企业的平衡；另一方面必须调整自己的结构，在做强做优做大上下功夫。最近几年，东北地区的国有企业也出现了一些变化，在经济增长速度快速下滑的同时，国有企业的比重也在快速下降。以黑龙江省为例，2017年三次产业结构为18.3∶26.5∶55.2，由于国有企业集中于第二产业，这意味着国有企业的比重在经历了最近一轮的经济增长速度下滑而有比较大的下降。还以黑龙江省为例，2010年以来，用国有经济的社会固定资产投资占全社会固定资产投资的比例计算，国有经济比重从40.2%下降到23.5%，下降幅度超过40%。国有经济保持多大比重比较合适，这可以从考察国有企业的不同角度得出不同的结论，而就东北地区来说，使国有企业拥有较全国更高的比重，是具有重要现实基础的。以此来为国有企业重新定位，应该把握如下几点：（1）国有企业应该坚守自己发展实体经济的重任，使国有企业在振兴东北地区实体经济中当好"排头兵"；（2）国有企业应该成为东北地区经济稳定的压舱石，使国有企业成为东北全面振兴的重要保障力量；（3）国有企业应该东北地区推进优势产业发展的引领者，使国有企业成为发展东北地区绿色经济的推动者。

在东北振兴中一定要正视国有企业所处的特殊地位，不能做强做优做大国有企业而实现东北振兴的道路是走不通的。不过，要充分地体现国有企业的新地位，必须使国有企业相应地发挥新功能：（1）国有企业在振兴东北地区实体经济中须当好排头兵的作用。"脱虚向实"是当前中国经济转型中的一项重要内容。这对于像东北这样的虚拟经济发展滞后，实体经济相对较强的地区，无疑是一个新的发展机会。东北地区实体经济的特点是由国有企业主导，因此，发展实体经济自然要在做强做优做大国有企业上着力，使国有企业成为发展东北地区实体经济的中坚力量。（2）国有企业要在东北全面振兴中起到保障作用。东北全面振兴的目标是用10~15年的时间，将东北地区建设成为体制较为完善，经济结构比较协调，形成可持续发展态势，社会和谐，综合经济发展水平较高的重要增长极；形成具有国际竞争力的装备制造业基地，国家新型原材料和能源保障基地，国家重要商品粮和农牧业生产基地，国家重要的技术研发和创新基地，国家生态安全的重要保障区。这些目标的实现最终要靠"强大优"的国有企业来保障。完善体制的核心在于国有企业的机制转换；经济结构调整需要国有企业找准自己的发展方向；可持续发展的绿色和创新道路必须发挥国有企业的优势；社会和谐离不开国有企业的保障作用；各种基地建设都是国有企业主要经营的领域，没有国有企业充分地发挥作用和挖掘潜力，是很难顺利实现的。（3）国有企业要成为东北地区发展绿色经济的推动者。东北地区在发挥自己的资源优势时，首先被选择便是丰富的绿色资源，东北平原、大小兴安岭，以及大湿地、大湖泊，孕育着十分丰富的绿色资源。绿色资源的开发是现在最有开发潜力并具有广阔市场的资源，然而，在实际开发中遇到不少难题。其中，最核心的便是信息不对称的问题，即人们对绿色产品有很大的需求，但人们对绿色产品并不具备识别能力。因此，在绿色产品市场上价格信号并不能起到调节绿色产品供需的作用。如何解决绿色产品市场的信息不对称问题？单纯的市场选择一定是失灵的，只有通过规模化经营，并实施严格的标准化，才能最大程度地减少绿色产品市场的信息不对称问题。为此，通过国有企业来进行规模化经营，并严格标准，是比较有效而现实的途径。当然，这种国有企业推动绿色资源开发的途径一定是建立在现代农业的基础上，并采取具有灵活经营机制和信息技术支持的现代化农业经营模式。

东北地区国有企业在东北全面振兴中应该具有新的地位，也应该发挥新的功能。这不仅是新的发展阶段提出的新命题，而且也是东北地区现实经济状况决定的新选择。不过，东北地区国有企业要确立其新地位、发挥其新功能，必须在改革上做文章，需要探索发挥东北国有企业新功能的改革思路。

四、东北地区国有企业发挥新功能需要的改革

改革国有企业是中国经济体制改革的中心环节和关键因素。国有企业改革也是中国经济体制改革最为困难的改革。在经历了放权让利、承包制和建立现代企业制度的改革之后，国有企业的比重在下降，国有企业从越来越多的领域退出，但国有企业依然在国民经济中起到主导性作用。国有企业有如此地位，决定于在涉及国家安全、国民经济命脉，以及国计民生等重要领域，国有企业仍占有主体地位并具有控制力。然而，在进入新时代的形势下，国有企业仍有不能适应社会主义市场经济运行的问题，还有不能适应经济发展方式转型要求的问题。为此，深化国有企业改革依然是改革中的一项重要任务。对于东北地区来说，其国有企业的特殊地位以及需要承担的新功能，使得国有企业改革的任务更为突出和艰巨，必须用一些新的思路来推进东北地区国有企业深化改革。

第一，把贯彻供给侧结构性改革主线作为东北地区国有企业改革的出发点。党的十九大报告在提出构建现代化经济体系时，把供给侧结构性改革作为必须贯彻的一条主线。供给侧结构性改革是中国经历了长期经济高速增长后，随需求的增长动力减弱而构建新增长动力的选择。供给侧结构性改革是从提高供给质量出发，用改革的方法推动经济结构的调整和升级，以创设更大规模、更高层次的发展空间，最终构建起一个现代化经济体系。用改革的方法推进经济结构调整和升级，其中必然包括国有企业改革，因此，国有企业改革是供给侧结构性改革的关键性内容。对于东北地区来说，必须找到国有企业改革新的立足点，就是推进供给侧结构性改革，使东北地区形成适应经济新常态和推动东北全面振兴的新的经济体系。为此，东北地区的国有企业改革除了在搞活机制、推进混改上做文章外，还需关注国有企业的结构性调整。国有企业不仅要继续在关系国家安全和国民经济命脉的重要行业和关键领域保持绝对控制力，

而且要在一些可以成为东北地区经济新增长点的领域发挥作用，如在绿色产业发展中要使国有企业发挥好促进规模化、标准化的积极功能。如此，东北地区国有企业改革，一定要在贯彻供给侧结构性改革的主线中通过“分类、定位、选择”的步骤加以推进。

第二，把解决国有企业效率相对较低问题作为东北地区国有企业改革的主要任务。国有企业在东北地区经济发展中的作用是毋庸置疑的，在一些关键领域和重要行业可以发挥积极作用也是不可动摇的。但是，国有企业发挥好作用的一个前提是自身必须提高效率。从国有企业改革的历程来看，其核心便是“搞活、增效”。在经历了一系列的改革之后，国有企业的效率问题依然是一个需要继续解决的难题。解决国有企业的效率问题，其出路依然是改革。国有企业改革确实是一个难题，但是，在新的环境下，国有企业提升效率的条件和机会都有一定程度的改善。这集中表现在新科技革命，也就是大数据、人工智能，极大地改变了信息不对称的制约，使得集中管理、规模化经营的信息成本大大地降低了。国有企业运行中的已有难题一定程度得到缓解、甚至可以得到解决。因此，推动国有企业改革应重点取向于技术改造，而且是信息技术改造。

第三，把处理好国有企业与民营企业关系作为东北地区国有企业改革的落脚点。“两个毫不动摇”是经济体制改革进程中逐步形成并长期坚持的社会主义市场经济体制不可或缺的两个重要组成部分。正是我们坚持了这样的一个基本经济制度，让国有经济和非国有经济共存并发挥各自的优势，才取得了中国经济改革的巨大成就。因此，国有企业改革一定不能偏离了这个方向。事实上，国有企业和民营企业在社会主义市场经济体制下都有其特殊的功能，并在满足经济运行的各种条件中各自发挥着不同的作用。在国有企业和民营企业之间，虽然可以划分一些边界，但还是有一些模糊地带，国有企业和民营企业可以因时因地地拓展或收缩自己的功能。国有企业和民营企业之间的关系通常是在一种动态的平衡中演进的。为此，东北地区国有企业改革应该据此探索一条新路，首先要根据新的形势为国有企业和民营企业重新划界。划界要依据国有企业和民营企业发展的当下现实重新确定二者各自具有的优势，并在评估当下东北地区经济发展现状的基础上，确定它们应该进入的领域。如国有企业可以从一些竞争领域退出，但也可以进入另一些国有企业可以发挥优势的领域；民营企业可以进入基础设施建设等公共领域以及一些为国有企业垄断的领域。其次要通过混合所有制改革实现国有企业和民营企业的高度融合，构建其国有企业和民营企业的命运共同体。这可以集中于一些产业关联度较强，国有企业和民营企业可以分工合作的行业或领域。最后达到一种国有企业和民营企业均衡发展的状态。

第四，把中央政策支持作为东北地区国有企业改革的必要保障。东北地区国有企业改革必须一些外力相助。因为改革开放后的很长时间，东北的国有企业都是在负重下改革和发展的，自身所具有的回旋余地越来越小。在新一轮全国各地经济竞争格局下，一种要素的顺势流动现象更加突出。这对于东北地区来说，又形成了一种新的不利的外部发展环境。这些内外因素决定了东北地区的国有企业改革一定要有外部的支持，其中，中央的政策支持是最直接，也是效果最明显的。事实上，在新一轮东北振兴中，中央出台的振兴方案中包含了许多有益于国有企业改革的政策，如中央财政对国有企业职工基本养老保险的投入继续向东北地区倾斜，进一步提高退休人员基本养老金水平。这种具有保底性质的支持，为东北地区国有企业深化改革解决了一定的后顾之忧。此外，由中央推动发达省份支持东北地区振兴的政策，也是东北地区国有企业改革的外部重要保障。习近平总书记在 2018 年 9 月考察东北三省，在沈阳主持召开深入推进东北振兴座谈会并发表重要讲话。他提出要以东北地区与东部地区对口合作为依托，深入推进东北振兴与京津冀协同发展、长江经济带发展、粤港澳大湾区建设等国家重大战略的对接和交流合作，使南北互动起来。如果能够使这些中央的支持政策落实到位，那么东北地区国有企业改革就有了重要的支撑力。深化国有企业改革，以发挥其在东北全面振兴中的新功能才可能真正地落到实处。

正确地认识东北振兴中国有企业的地位和功能，这已不是一个选择问题，而是一个建设问题。国有经济多大的比重，以及国有企业经营机制不灵活，固然是东北地区经济发展相对滞后的一个原因，但如果没有国有经济或国有企业的支撑，东北经济也会面临另外的一些问题。因此，必须在“两个毫不动摇”的原则下，实事求是地探讨国有企业在东北振兴应该发挥怎样的作用，这是我们更应该坚持的一种态度。

参考文献

[1] 《关于实施东北地区等老工业基地振兴战略的若干意见》，http：//www.chinalawedu.com/falvfagui/fg22016/873.shtml，2003 年 10 月 5 日。

[2] 和军、张紫薇：《新一轮东北振兴战略背景与重点》，载《中国特色社会主义研究》2017 年第 6 期。

[3] 鲁守医：《东北三省经济之痛》，载《中国企业报》2015 年 4 月 20 日。

[4] 周建平：《两轮东北振兴存在本质不同》，新华网，2016 年 5 月 10 日。

[5] 宋冬林：《东北老工业基地振兴的政治经济学思考》，载《学习与探索》2017 年第 7 期。

[6] 陈真等编：《中国近代工业史资料》（第 2 辑），生活 · 读书 · 新知三联书店 1961 年版，第 951 页。

[7]《新中国五十五年统计资料汇编》，中国统计出版社2005年版。
[8] 乔榛:《改革成本与地区经济发展差距》，载《学习论坛》2008年第9期。

The Position and Role of State-owned Enterprises in the All-round Revitalization of Northeast China: An Analysis from a Historical Prospective

Qiao Zhen

Abstract: The all-round revitalization of northeast China serves as a new strategic arrangement made to fight against the rapid economic slowdown in northeast China after China's economy entered into the new normal. It is of significance and a arduous task to make the all-round revitalization of northeast China come true. It is an unavoidable question that what the status of a state-owned enterprise is and how it plays a role. The large scale and high proportion of state-owned enterprises have always been regarded as an important reason for the lag of economic development of northeast China after the reform and opening-up policy was conducted. However, with the deepening reform and declining proportion of state-owned enterprises, a new relationship is gradually formed between state-owned enterprises and private enterprises in northeast China. Since state-owned and private enterprises are both important parts of socialist market economy and need unswervingly remain committed to the development, it will provide a direction for the reform of state-owned enterprisesto build a dynamic balance between state-owned enterprises and private enterprises. The excessively large proportion of state-owned enterprises in northeast China is not conducive to the formation of economic vitality, but as the proportion of state-owned enterprises decreases, an increasing marginal vitality trend will be certainly presented. In this sense, state-owned enterprises in northeast China will certainly play a positive role in the new economic environment. Consequently, on the basis of properly handling the relationship with private enterprises, more efforts should be paid to explore how state-owned enterprises should conduct the reform in order tomake state-owned enterprises play an active role in the all-round revitalization of northeast China.

Key words: Revitalization of the Northeast China　State-owned enterprise　Private enterprise

新中国成立以来东北地区国有企业的贡献与成就*

韩艳红　尚梦雨**

摘　要：新中国成立以来，东北国有企业历经大规模的建设、改造和振兴，从一定意义上说，东北国有企业为共和国的快速发展和改革开放做出了巨大的贡献。在全面振兴东北老工业基地的关键时期，在对东北地区国有企业改革的路径设计中，我们必须从历史的、发展的角度客观地评价东北地区国有企业的贡献和成就，而且应当看到这些重大贡献和成就对未来中国核心技术研发和经济布局的重要意义。从这一视角来看，东北国有企业是新中国工业体系的建设者、保障国家财政收入的“主力军”，是推动改革开放的重要力量，是以产品创新铸就大国重器的领跑者，是承担社会责任的中坚力量。

关键词：国企改革　工业体系　财政收入　产业创新

新中国成立以来，东北地区是建立最早、规模最大的工业基地，是新中国工业的摇篮。东北地区国有企业为国家建立独立、完整的工业体系和国民经济体系，为我国的改革开放和现代化建设作出了重大贡献。党的十八大以来，习近平总书记在考察、调研、会议时就国有企业的改革与发展多次发表重要讲话，强调指出，“国有企业是中国特色社会主义的重要物质基础和政治基础，是中国特色社会主义经济的顶梁柱，是我们党执政兴国的重要支柱和依靠力量”。东北地区国有企业做出的贡献和取得的成就，源于国有企业作为国家意志的执行者、国家利益的实现者和自主创新的引领者

* 基金项目：吉林省教育科学“十三五”规划重点课题吉林省人口变动对教育供给的影响研究（ZD19035）的阶段性成果。

** 作者简介：韩艳红（1980～），吉林长春人，吉林财经大学经济学院副教授，硕士生导师，上海财经大学马克思主义理论流动站博士后，研究方向：东北老工业基地振兴；尚梦雨（1996～），山东济南人，吉林财经大学经济学院硕士研究生，研究方向：西方经济学。

的特殊地位和作用。只有从历史的、发展的维度，客观地评价东北国有企业对国家建设和发展做出的巨大贡献和成就，才能有助于我们认清东北地区国有企业肩负的国家重任，才能有助于我们更为清晰地勾勒出东北国有企业改革的前行路径，进一步巩固我国以公有制为主体、多种所有制经济共同发展的社会主义基本经济制度。

一、东北地区国有企业是我国建立完整的工业体系的中坚力量

中国大规模工业化的起步，是在新中国成立以后。东北地区国有企业为新中国建立独立、完整的工业体系作出了历史性的重大贡献。新中国成立后，东北地区接收了日伪时期的机械装备，为了迅速恢复生产，1949～1952年，依靠群众性的技术革新，重点进行了交通运输业、钢铁工业和煤炭工业的恢复建设，有力地支援了其他地区的解放战争和抗美援朝战争。

1953年新中国开始实施第一个五年计划，这是奠定我国工业化初步基础的重要时期，东北地区承建了大规模的投资项目，在全国所占份额最高。国家156个重点建设项目中有58个在东北，占比高达37%，并且围绕这58个重点项目又建设了上千个配套项目，另外还有几十家企业“南厂北迁”，在东北投资869514万元，占全国工业实际总投资额的44.3%。东北地区成为我国大中型国有企业最集中的地区，奠定了工业化的初步基础，成为中国重要的工业基地①。经过这一时期的建设，以东北地区为代表的中国工业技术水平有了很大提高，也为中国工业产值的增长、工程设计的进步、施工人员和产业工人的成长创造了条件。到1957年第一个五年计划结束，东北地区已能设计一些比较大型的、技术复杂的工程。辽宁省的生铁、钢和钢材的产量分别占全国同年产量的70.6%、63.2%和57.5%，煤炭产量占全国同年产量的17.9%，发电量占全国同年发电量的26.9%，原油产量占全国的38.4%。机床行业从新中国成立前主要从事修配，发展到能够生产精密度较高的机床、重型机床和六角机床等②。在“一五”期间，东北地区的重工业得到了长足的发展，重型精密仪器、飞机、汽车制造业也逐渐发展起来，冶金与发电设备产量增长也非常大，矿山设备行业实现了从无到有，从表1中所列举的重要机械企业试制的产品来看，可用于电力、交通运输、冶金等重要产业部门，种类繁多，重工业在东北地区的发展状况已是突飞猛进，工业结构和布局日渐合理，促进了区域经济的平衡发展，为建立和完善我国基

① 董志凯：《新中国工业的奠基石——156项建设研究》，经济出版社2004年版，第3页。

② 董志凯：《新中国工业的奠基石——156项建设研究》，经济出版社2004年版，第424～425页。

础工业体系做出巨大贡献。

表 1 "一五"期间东北地区重要机械新产品试制完成情况

设备类型	设备名称	试制及协作单位	试制年份
通用设备	单级离心式水泵	沈阳水泵厂	1953
	离心风机	沈阳鼓风机厂	
	空气压缩机	沈阳气体压缩机厂	
冶金设备	混铁炉	大连重型机器厂	1955
	铁合金电炉	大连起重机器厂	1956
起重运输、工程机械	桥式起重机	大连起重机厂	1953
	刮板运输机	沈阳矿山机器厂	1953
	柴油打桩机	大连通用机器厂	1954
	汽车起重机	大连起重机厂	1954
	皮带运输机	沈阳矿山机器厂	1954
石油钻采设备	钻探机	抚顺重型机械厂	1953
	钻探机	大连通用机器厂	
发电设备	四川上硐电站，混流式	哈尔滨电机厂	1952
	福建古田电站，混流式		1954
铁道机械	前进型蒸汽机车	大连机车车辆工厂	1956
船舶	货驳	大连造船厂	1952
	油驳		1955

资料来源：仇荀：《东北地区装备制造业发展历程及未来展望》，载《商业经济》2017 年第 11 期。

在完成"一五"期间重点建设项目的基础上，第二个五年计划时期，国家又加大了对东北地区的投资力度，尤其是辽宁省，"二五"时期接受国家的投资总计 82.7 亿元，这一数字占国家当时基本建设投资额的 8.76%，占东北三省投资总额的 45.82%。在国家政策的倾斜性支持下，东北地区"一五""二五"期间的项目建设取得了显著的成绩，据统计，1952～1975 年，在东北工业构成中，机械工业保持第 1 位，石油工业由第 10 位升至第 2 位，冶金工业由第 4 位升至第 3 位，化学工业由第 6 位升至第 4 位，电力工业由第 9 位升至第 6 位。[①] 东北地区国有企业数量及质量都得

① 陈才：《东北老工业基地的基本建成及其历史经验》，载《东北师范大学学报（哲学社会科学版）》2004 年第 5 期。

到迅速提升，是我国大中型国有企业最集中的地区，国有企业工业总产值不断增加，从 1952～1979 年东北地区国有企业工业总产值占全国的比重一直在 20% 以上（见图 1）。东北地区成为我国最早建设起来的以能源、原材料、机械装备、化工、森工和军工等为主、门类齐全的工业体系。正是由于这一地区特殊的地位和作用，它被誉为“共和国的长子”、我国工业的“摇篮”。

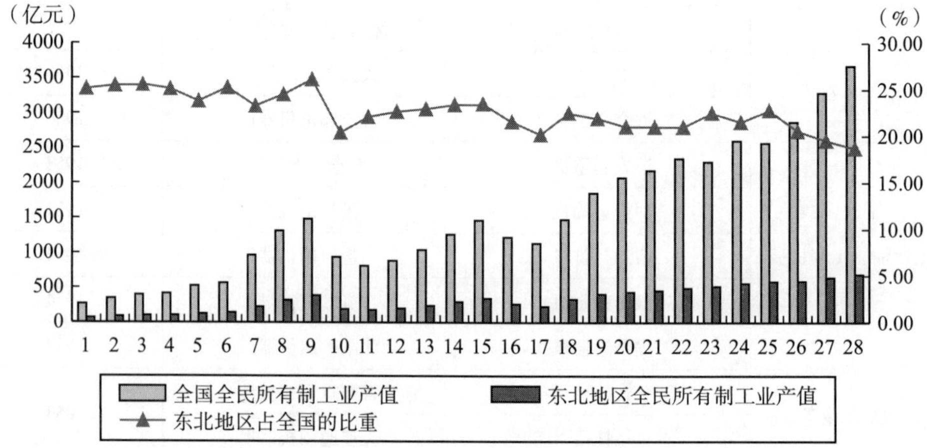

图 1　1952～1979 年全国及东北地区国有企业工业总产值

资料来源：国家统计局综合司编：《全国各省、自治区、直辖市历史统计资料汇编（1949～1989）》，中国统计出版社 1990 年版。

至今东北地区国有企业仍是我国重要的石油化工、钢铁、机床、汽车、电站成套设备、船舶、飞机制造等行业的基地，其中国有企业依然发挥着关键性作用。辽宁省的沈阳和大连至今仍是东北地区重要的装备制造业中心，甚至在世界重工业舞台上也占有一席之地。沈鼓集团 2010 年实现“沈鼓压缩机组制造”的国产化，成功实现了蒸蒸日上的业绩，成为整个东北地区装备制造业超越传统模式的典范。由大连船舶重工集团建造的 30 万吨级超大型油轮在世界船队同类型船舶中占比超过 10%，成功建造交付了我国第一艘航空母舰“辽宁舰”；新松机器人自动化股份有限公司研发的智能工业机器人填补了多项国内空白，已成为我国为数不多的能与国外抗衡的装备产品，多次打破国外技术垄断和封锁。黑龙江累计生产的石油占全国的 50%，木材占全国的 40%，铁路货车占全国的 50% 以上，大中型机械和电站成套设备占全国的 1/3 以上。哈电集团成为我国最大的发电设备和舰船动力装置制造基地，一重集团热壁加氢反应器达到千吨级。吉林省 1955～1998 年的累计汽车产量占全国总产量约 20%，一汽集团成为全国最大的汽车生产基地，其出产的中重型车在国内排名第 1 位，轻微型车位也位列同行业的前 5 位。①

东北地区国有企业无论在多么困难的时期，无论面临多么艰难的条件，始终牢记党中央的嘱托，始终没有忘记发展我国民族工业和国防工业的初心，坚持以自主化、国产化为己任，在不断创新和努力中支持国民经济建设，不断填补国内工业产品技术空白，保障着劳动者的充分就业和人民生活的逐步改善，有力地支撑了我国国民经济和国防建设，为我国建立起独立的、比较完整的、自主的工业体系奠定了坚实的基础。

二、东北地区国有企业是推动我国经济整体发展的重要保证

当东北地区成为全国最大的钢铁工业、装备制造业和石油化工业的生产基地后，东北为全国工业建设输送了各种技术装备和能源物资，成为全国钢铁、原油、煤炭、木材和多种重型装备的供应地，为全国工业发展提供了重要的支持，而且在全国的经济建设中，有许许多多的工程技术人员、管理人员和熟练工人都来自东北地区，有力地支持了改革开放和非国有经济的迅速发展。从 1952 ~ 1988 年，辽宁省净调出生铁达 6113 万吨，调出铜、铝、铅、锌 4 种有色金属 383 万吨；净调出钢材达 7949 万吨，占全省总产量的 52. 9% 。石油工业调出的主要是石油制品，仅 1981 ~ 1988 年，石油加工业净调出产品产值即为 269. 9 亿元。在化工产品中，辽宁纯碱的产量最大，调出量也大，1952 ~ 1988 年，净调出纯碱达 1178 万吨（约占其产量的 2/3）、烧碱达 165 万吨。这一期间净调出的水泥总量也达到 5508 万吨②。根据 1981 年黑龙江省的投入产出表来看，当年黑龙江省调出产品 119. 3 亿元，调入产品 91. 3 亿元，净调出 28 亿元的产品。仅 1953 ~ 1987 年的 30 余年间，黑龙江省共调出原油 7. 25 亿吨、煤炭 3. 06 亿吨、粮食 6475 万吨、木材 2. 69 亿立方米、发电设备 2398 万千瓦以及大量的矿山设备、冶金设备、钢材、铝材、机床、货车、轴承、仪表、工具等重工业产品，糖、纸、乳、麻等轻纺工业品和羊毛、油料、烤烟等农副产品③。吉林省在汽车制造、石油化工、煤炭、能源、冶金等方面均有长足的发展，这些大型重点国有企业，为国家工业生产和经济建设提供了大量的相关物资和设备。在 20 世纪 60 年代国家开始筹建第二汽车制造厂时，一汽承担了二汽总装、车厢、底盘零件、铸造、锻

① 陈永杰：《东北老工业基地基本情况调查报告》，载《经济研究参考》2003 年第 77 期。
② 《当代中国的辽宁》（上），当代中国出版社 1994 年版，第 303、312 页。
③ 《当代中国的黑龙江》（上），中国社会科学出版社 1991 年版，第 202 页。

造、车架、车身、车轮、车桥、发动机等11个专业厂和热处理电镀系统的设计任务，以及大部分工艺设备的制造任务，有力地支援了二汽的建设①。工业产品的大量调出，成为东北地区国有企业为我国经济建设做出贡献的一个鲜明特点。

与此同时，东北地区国有企业还为各地培养和输送了大量的技术、管理人才和熟练工人，有力地支援了我国的经济建设。如大庆油田自成立以来，向全国各油田陆续输送石油工业骨干力量8.6万多人，为支援全国石油工业的发展做出了突出贡献②。长春第一汽车制造厂为支持二汽的建设，为其提供了大学本、专科毕业的干部919人，包括工程技术人员596人，老技术工人2888人，并为二汽培训了大量特殊工种的熟练工人，到1985年，一汽向全国各地输送了1.8万多名干部和生产技术骨干，为创立和发展中国的汽车工业做出了巨大贡献。20世纪50~80年代，作为中国最早的化学工业基地，吉林化学工业公司为同行业培养并输送了5.63万余名管理干部、工程技术人员，有力地支撑了我国化工工业的发展③。

三、东北地区国有企业是我国财政收入的重要贡献者

我国的国有企业一直以来都是国家财政收入的重要来源，东北地区的国有企业自新中国成立以来就对国家的财税收入做出了巨大贡献。新中国在成立初期的“一五”时期，我国的经济之所以能够高速增长，与东北国有企业对国家财政的支撑密不可分。随着大批工程项目的投产，东北地区也为国家创造了大量的物质财富，提供了大量的财政收入，而且对国家的贡献超过了国家对东北地区的投入。据不完全统计，截至1998年末，国家对东北58个项目企业累计投资572.77亿元，这些企业累计向国家上缴利税1225亿元④，超过投资的2倍。自新中国成立以来，国家对辽宁省投资累计约500亿元，其中大部分用于重工业建设，而辽宁省为国家提供的财政收入为其4.1倍，每年从辽宁省调出大量原材料和各种装备，价值数百亿元。黑龙江省“一五”时期工程项目从投产到1996年末，共上缴利税131.3亿元，相当于国家总投资额的6.42倍，其规模也越来越大，固定资产原值已达180.85亿元，净值87.5亿元⑤。黑龙江省仅“一五”计划期间，国有企业向国家上缴的利润就等于国家给其工

---

① 中国第一汽车制造厂官网，www.faw.com.cn。

② 《当代中国的黑龙江》（上），中国社会科学出版社1991年版，第212页。

③ 《当代中国的吉林》（上），当代中国出版社1991年版，第372、377页。

④ 朱茂才：《关于东北三省一五时期57个重点项目企业技术改造情况的调查报告》，载《经济研究参考》2000年第20期。

⑤ 联合调查组：《黑龙江“一五”时期22个重点项目企业调查》，载《黑龙江金融》2000年第2期。

业投资的3倍多，从1953～1987年，黑龙江省国有企业净上缴中央财政467.3亿元。大庆油田自建厂后到1987年，累计生产原油9亿吨，共上缴国家财政819亿元，是同期国家对大庆油田投资的21倍①。“一五”时期，吉林省的财政总收入达到27.53亿元，上缴中央财政16.55亿元，上缴额占全省总收入的60.1%②。吉林省的第一汽车制造厂，作为中国汽车工业的“长子”，到1985年，向国家上缴利税和折旧费61.6亿元，相当于建厂投资的10倍。至今，中国一汽累计产销各类汽车3000余万辆、实现利税7000多亿元。到“二五”至“五五”时期（1958～1980年），国有企业的财税贡献更加突出，东北三省的赋税在这一时期一直高于全国平均水平，辽宁省从1953～1994年，累计上缴中央财政3234亿元，占同期地区财政收入的71.5%③。可见，国有企业是国家财政收入以及医疗、教育、社会保障等各项改革建设资金的主要来源。

改革开放以后，国家根据经济社会发展的实际需要，不断推动国有企业的改革。党的十二届三中全会提出发展“公有制基础上有计划的商品经济”，以承包制为主体的多种经营方式进入蓬勃发展时期，非国有经济规模不断壮大。1992年党的十四大确定建立社会主义市场经济，明确把“转换国有企业特别是大中型企业的经营机制作为建立社会主义市场经济体制的中心环节”，同时，将国有大中型企业明确界定为“国家财政收入的重要来源和基本保证”；随即，在1993年党的十四届三中全会和1994年五中全会确立了在国有企业内建立现代企业制度的改革目标；1997年党的十五大确立我国实行公有制为主体、多种所有制经济共同发展的基本经济制度后，开始实施对大中型国有企业进行“抓大放小”的战略性改组；2003年，根据党的十六大报告“管资产和管人、管事相结合的国有资产管理体制”的要求，成立了国务院国有资产监督管理委员会统领国有企业发展；2007年党的十七大报告进一步提出鼓励发展具有国际竞争力的大型企业集团；2012年以中共十八大召开为标志，国有企业进入“分类改革”的全新时期。2017年十九大报告提出，“要完善各类国有资产管理体制，改革国有资本授权经营体制，加快国有经济布局优化、结构调整、战略性重组，促进国有资产保值增值，推动国有资本做强做优做大，有效防止国有资产流失。深化国有企业改革，发展混合所有制经济，培育具有全球竞争力的世界一流企业。”东北地区国有企业认真贯彻落实党中央、国务院的各项方针政策，大胆探索，不断推进国有企业改革的进程，积极调整国有经济布局和结构，各项改革不断深入，国有企

① 《当代中国的黑龙江》（上），中国社会科学出版社1991年版，第278、202～203页。

② 《当代中国的吉林》（上），当代中国出版社1991年版，第588页。

③ 陈永杰：《东北老工业基地基本情况调查报告》，载《经济研究参考》2003年第77期。

业对国家财税贡献越来越大，为国民经济持续快速健康发展又做出了新的贡献。从企业负担的绝对税额来看，东北地区规模以上工业企业主营业务收入的纳税额、国有工业企业的税收贡献远远高于其他非国有企业（见图2）。这表明，经历改革开放后，东北地区的国有企业在对国家的税收贡献上的首要地位仍然无可替代，充分显示出国有企业与国家之间“国企兴、国家兴；国企强、国家强”的关系。多年来，东北地区国有企业为国家上缴大量财政收入和建设资金，为东北地区乃至全国经济的发展提供了有利保障。

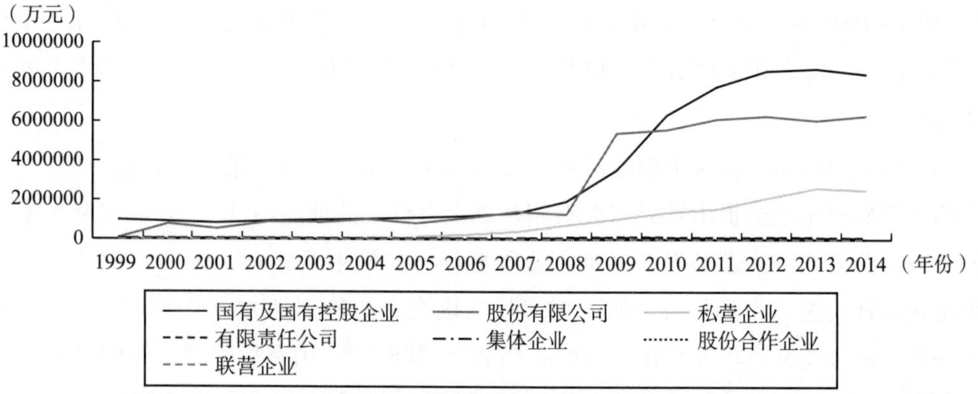

图2　东北地区规模以上工业企业主营业务税金及附加（1999～2014年）

数据来源：笔者根据各年《辽宁省统计年鉴》《吉林省统计年鉴》《黑龙江省统计年鉴》《中国工业经济统计年鉴》《中国统计年鉴》整理。

四、东北地区国有企业是产业创新能力建设的重要平台

东北地区国有企业的创新发展所带来的是产业整体技术水平的上升、劳动生产效率的提高，是产业发展的引领者，对于同行业非国有企业和上下游产业链的其他企业都有着孵化和带动作用。国家要求国有企业承担更多的社会责任，周期长、见效慢、风险大、但社会效益显著而企业效益不明显的产业都要由国有企业来完成，国有企业在基础性、长期性的技术研发和人才培养上更能投入充裕的资金，并在长期形成了一系列关键核心技术和共性技术。东北国有企业在国际市场的同行业中已经不断从“跟跑者”“追赶者”转变为“并跑者”“领跑者”，在日渐增多的关键核心技术和产业发展方面领先。例如，中国第一汽车集团公司建立了国家重点实验室和博士后工作站，拥有一支超过5000人的全球化优秀研发团队，集基础科学建设、产品开发研究、工艺材料开发于一身。近10年来，科技研发成果累计获得国家及行业奖项150多个，

"解放第六代重型系列商用车及柴油机自主开发"项目，荣获国家科技进步一等奖[①]。中车长春轨道客车股份有限公司拥有国家轨道客车系统集成工程技术研究中心、高速列车系统集成国家工程实验室、国家级企业技术中心、博士后科研工作站、国家技能大师工作室技术创新平台，现有工程技术人员2700余名，教授级高工103人，博士45人，硕士1091人，每年研发30多个新产品，是中车唯一能生产时速350公里高寒动车组的主机厂[②]。中国第一重型机械集团公司所拥有的技术研究中心包括能源装备材料科学研究所、天津重型装备工程研究有限公司、大连设计研究院等，它们在冶金成套设备、核能设备、重型压力容器、大型铸造件与重型锻压设备等方面取得了创新性的成果，中国一重先后多次荣获国家科技进步一等奖，已累计获得国家级科技奖项近40项，省部科技奖项150余项，市级科技奖项80余项，有效专利496项，其中发明专利226项，并相继完成了我国首台千吨级热壁加氢反应器、我国首台三代核电百万千瓦核反应堆压力容器、我国首套具有自主知识产权的不锈钢炉卷轧机、我国首台斗容最大的电铲等制造任务，在核电、石化和冶金成套装备领域，制造能力已经达到了国际先进水平，实现了从"跟跑"向"并跑""领跑"的重大转变[③]。大庆油田开发建设50多年来，累计取得国家级科技成果104项，省部级855项，获得国家专利3289件，其中发明专利475件[④]。沈鼓集团拥有国际化的核心技术和制造能力，先后成功研制百万吨乙烯压缩机组、首套国产10万空分装置压缩机组、西气东输大型长输管线压缩机、百万千瓦核电用泵、大型PTA离心压缩机、150吨大推力往复压缩机、国防海军装备用泵等重大技术装备，不断打破跨国公司的技术垄断，降低了同类产品的进口价格，以创新铸就了大国重器。同时，东北地区国有企业依托其优势，与非国有企业通过生产和R&D合作等形式实现对非国有企业在信息、技术和人才上的溢出，为非国有企业释放技术红利，形成以国有企业为核心、非国有企业为上下游的社会网络或创新网络，通过"创新孵化器"等方式将知识溢出到非国有企业，有效提高了非国有企业的技术水平，大大提高了东北地区的产业创新能力。

五、东北地区国有企业是保障国家经济安全的坚强屏障

国有企业是实现国家宏观调控的重要手段，可以有效弥补市场的不足，实现市场机制自身无法达到、政府也难以用财政政策和货币政策来实现的政策目标，保障最广

① 《中国第一汽车集团2010～2011年社会责任报告》。
② 中车长春轨道客车股份有限公司官网。
③ 《2017年中国一重社会责任报告》。
④ 中国油田大庆石油官网。

大人民群众的利益，实现共同富裕。2018 年 9 月习近平总书记在东北进行考察时指出，制造业特别是装备制造业高质量发展是我国经济高质量发展的重中之重，是一个现代化大国必不可少的。现在，国际上单边主义、贸易保护主义上升，我们必须坚持走自力更生的道路。中国要发展，最终要靠自己。东北地区的国有企业主要分布在控制国民经济命脉的关键领域、基础性和支柱产业领域，尤其是装备制造业、原材料产业和国防科工产业，包括航空制造、武器弹药、建材设备、煤炭设备、机械、汽车制造及石油开采等具有较高的资本和技术密集度的行业，是我国冶金矿山、数控机床、重型机械、轨道交通、汽车及零部件、航空及发动机、海洋工程等重大装备的产业基地。重大成套装备和重要装备产品比较优势突出，大型输变电成套设备、列车车辆成套设备、大型连铸连轧成套设备、大型发电设备成套设备、机器人等关系国计民生的重大成套装备都基本可以成套提供。在重要装备产品领域，具有不可替代的作用，如超高压输变电设备，千万吨级露天煤矿采矿设备，大型全断面隧道掘进机，万吨油轮，高吨位大型起重机，大功率内燃机车和蒸汽机车，歼击机、导弹、舰艇，高速加工中心、数控机床及数控系统、组合机床，铁路机车，燃气轮机，环保设备，大中型轴承，低速大功率柴油机，嵌入式软件系统，机器人及自动化生产线，数字化医疗设备等都是在全国具有比较优势和竞争力的装备产品。这些关系国民经济命脉的行业由于投资大、建设周期长，并且预期利润水平较低，一般的民营企业并不愿意进行投资。全球制造业转型升级的重大机遇下，国家通过东北地区国有企业进行投资生产，可以以制造业转型升级推进东北振兴，推动“中国制造”走向“中国智造”，建设现代化经济体系，正如党的十九大报告要求的，“加快建设制造强国，加快发展先进制造业……培育若干世界级先进制造业集群”。可见，做优做强东北地区国有企业，对保证我国民族工业和国防工业持续、健康、稳定的发展，保障国家的经济安全、政治安全和国防安全具有不可替代的重要作用。

东北地区国有企业为我国工业体系建设、科技进步、国防建设和社会保障作出了巨大贡献，功勋卓著。之所以能够取得巨大成功是因为遵循了以下基本逻辑和宝贵经验。一是将马克思主义基本原理同东北地区国有企业改革的具体实践相结合，始终坚持理论联系实际。既实现了马克思主义理论的创新发展，又能确保东北地区国有企业发展和改革的方向不偏离正确的轨道。从具体表现上来看，实施国有企业所有权和经营权分离、建立现代企业制度是对马克思所有制理论的坚持和完善，是对马克思所有制理论中国化的重大贡献。二是东北地区国有企业发展和改革中始终坚持党对国有企业的领导，始终贯彻执行党和国家方针政策和重大部署，以实现国有资产保值增值、将国有企业培育成具有全球竞争力的世界一流企业作为国有企业党组织工作的出发点，以国有企业取得的成就检验党组织的工作成效。三是坚持公有制为主体、多种所有制经济共同发展，在发展和改革中逐步推进东北地区国有企业的经济布局和结构调整。党的十九大报告还提出，加快国有经济布局优化、结构调整、战略性重组，全面实施市场准入负面清单制度，清理废除妨碍统一市场和公平竞争的各种规定和做法，支持民营经济发展，激发各类主体活力，打破行政垄断，防止市场垄断。东北地区国有企业发展中，虽然国有企业数量和比重大幅度下降，但是国有企业规模却大幅度提升，既保证了国有经济的控制力和影响力，民营经济也获得了巨大发展。

参考文献

［1］程恩富：《新时代为什么要做强做优做大国有企业》，载《世界社会主义研究》2018 年第 3 期。

［2］刘元春：《国有企业宏观效率论——理论及其验证》，载《中国社会科学》2001 年第 5 期。

［3］张晨、张宇：《国有企业是低效率的吗》，载《经济学家》2011 年第 2 期。

［4］董志凯：《新中国工业的奠基石——156 项建设研究》，经济出版社 2004 年版。

［5］衣保重：《中国东北区域经济》，吉林大学出版社 2000 年版。

［6］陈才：《东北老工业基地的基本建成及其历史经验》，载《东北师范大学学报（哲学社会科学版）》2004 年第 5 期。

［7］陈耀：《振兴老工业基地要有新思路》，载《经济管理》2003 年第 19 期。

［8］王伟光、侯军利：《混合所有制下的资本结构、绩效与国有股比例——基于东北地区上市公司数据的实证分析》，载《辽宁大学学报（哲学社会科学版）》2016 年第 4 期。

［9］陈永杰：《东北老工业基地基本情况调查报告》，载《经济研究参考》2003 年第 77 期。

Contributions and Achievements of State-owned Enterprises in Northeast China Since the Founding of the People's Republic of China

HAN Yanhong SHANG Mengyu

Abstract: Since the founding of the People's Republic of China, the state-owned enterprises in northeast China have undergone large-scale construction, transformation and revitalization. In a certain sense, the state-owned enterprises in northeast China have made great contributions to the rapid development of the republic of China and the reform and opening up. In the critical period of comprehensive revitalization of northeast old industrial base, the design of the path of the reform of state-owned enterprises in northeast China, we must objectively evaluate from the perspective of history and development of state-owned enterprises in the northeast of contribution and achievement, also should see the major contribution and achievement in the future China's core technology research and development and the significance of economic layout. From this perspective, northeast China's state-owned enterprises (soes) are the builders of the new China's industrial system, the "main force" to ensure the country's fiscal revenue, the important force to promote reform and opening up, the leader in product innovation, and the backbone of social responsibility.

Key words: reform of state-owned enterprises　industrial system　fiscal revenue　industrial innovation

东北营商环境调研报告*

张　依**

摘　要：营商环境是区域核心竞争力的重要标志，也是经济高质量发展的软实力保障。本文通过东北地区营商环境的网络调查问卷数据与访谈结果，从政务环境、人文环境、创新创业环境角度对东北营商环境满意度进行系统评价，分析东北营商环境目前存在的问题，在此基础上提出进一步优化东北营商环境的方向，如完善人才激励机制、创新政府监管模式、促进产业结构转型、营造创新创业氛围。

关键词：东北　营商环境　调研

2016年，国家发布《关于全面振兴东北地区等老工业基地的若干意见》，标志着东北振兴进入新阶段。2018年，习近平总书记在东北振兴座谈会中指出要“以优化营商环境为基础，全面深化改革”。优化营商环境、破解发展体制机制难题是新一轮东北振兴的重中之重。近年来，东北在营商环境建设方面取得一定进展，根据《2020年中国营商环境评价研究报告》显示，辽宁营商环境便利度进入前15名，但与其他省份相比还存在明显差距。为进一步明确东北营商环境优化方向，本文通过网络调查问卷和访谈相结合的方式，重点考察受访者对东北营商环境的满意度情况，深入分析东北营商环境存在的主要问题。

一、调研方法及样本情况

本次东北营商环境调研采用网络问卷调查与访谈相结合的方式。为明确不同群体

---

* 基金项目：国家社科基金重大项目“振兴东北老工业基地重大体制机制问题与对策研究”（17ZDA060）。

** 作者简介：张依（1994～），女，辽宁锦州人，辽宁大学经济学院博士研究生，研究方向：规制经济学。

对东北营商环境的看法，我们共设计两套问卷：一套为东北地区工作者填写；另一套供非东北地区工作者填写。两套问卷在部分问题内容设计上有所差异。但共同涉及的方面包括：对东北地区发展的看法、东北营商环境评分、东北营商环境问题及改进方向。其中东北工作受访者问卷共回收 1447 份有效问卷、非东北受访者问卷为 2001 份。本次调研样本总体情况如表 1、表 2 所示。

表 1　　东北工作者问卷样本结构

	频数	比例（%）
工作省份		
辽宁	1146	79.2
吉林	153	10.6
黑龙江	148	10.2
工作单位性质		
事业单位	368	25.4
大中型企业	346	23.9
小微型企业	190	13.1
个体工商户	177	12.2
其他	366	25.3
工作岗位		
职员	624	43.1
技术	222	15.3
干部	192	13.3
领导	98	6.8
其他	384	26.5

注：工作岗位考虑到受访者可能兼任不同职位，为多选题，加总比例大于 100%。

表 2　　非东北工作者问卷样本结构

	频数	比例（%）
基本情况		
在其他地区工作的东北人	204	10.19
曾在东北工作过	84	4.20
曾在东北学习过	626	31.28

续表

	频数	比例（%）
曾去东北短住或旅行过	285	14.24
从未去过东北	802	40.08
工作单位性质		
个体	244	12.19
小微企业	282	14.09
大中型企业	484	24.19
事业单位	406	20.29
其他	585	29.24
工作岗位		
职员	871	43.53
技术	298	14.89
干部	178	8.90
领导	72	3.60
其他	681	34.03

东北版问卷的受访者大部分在辽宁省内工作，占据样本总量的79.2%，其次是吉林（10.6%）、黑龙江（10.2%）。受访者工作单位比例由高到低分别是：事业单位（25.4%）、其他（25.3%）、大中型企业（23.9%）、小微型企业（13.1%）、个体工商户（12.2%）。受访者工作岗位占比由高到低分别是企业职员（43.1%）、其他（26.5%）、技术（15.3%）、干部（13.3%）、领导（6.8%）。

对于非东北受访者而言，从未去过东北的人占比40.08%，剩余过半的受访者都有去过东北的经历，其中曾在东北学习过的占比最多（31.28%），但是最终都选择在东北以外地区居住或就业。受访者工作单位比例由高到低分别是：其他（29.24%）、事业单位（20.29%）、大中型企业（24.19%）、小微型企业（14.09%）、个体工商户（12.19%）。受访者工作岗位占比由高到低分别是企业职员（43.53%）、其他（34.03%）、技术（14.89%）、干部（8.90%）、领导（3.60%）。

同时，为了深入了解东北营商环境存在的体制机制问题，我们也采用了网络访谈调研的方式，邀请受访者对有关东北营商环境问题进行具体回答。

二、受访者对东北发展情况的评价

（一）整体印象

“对东北地区的看法，您最同意哪些”的调查结果显示，对于东北受访者，认同度排名前三的观点包括：“铁饭碗”观念严重，缺乏竞争意识；东北是“大政府、弱市场”；东北地区工业基础雄厚、资源丰富，发展潜力较大。对于非东北受访者认同度较高的观点是东北工业基础雄厚、资源丰富，发展潜力较大；对东北发展应客观评价，不能简单论断；“铁饭碗”观念严重，缺乏竞争意识。而“投资不过山海关”的观点认同度都相对偏低（见表3、表4）。

表3　受访者对东北总体看法认同度统计（东北工作人员）

总体看法	频数	比例（%）
“铁饭碗”观念严重，缺乏竞争意识	894	61.78
东北是“大政府、弱市场”	779	53.84
东北地区工业基础雄厚、资源丰富，发展潜力较大	566	39.12
对东北发展情况应客观评价，不能妄加断论	446	30.82
东北在新中国成立初期支援三线等，对国家贡献大	417	28.82
投资不过山海关	301	20.80

表4　受访者对东北总体看法认同度统计（非东北工作人员）

总体看法	频数	比例（%）
东北工业基础雄厚、资源丰富，发展潜力较大	913	45.63
对东北发展应客观评价，不能简单论断	875	43.73
“铁饭碗”观念严重，缺乏竞争意识	813	40.63
东北在新中国成立初期支援三线建设，对国家贡献大	811	40.53
东北是“大政府、弱市场”	588	29.39
投资不过山海关	355	17.74

根据“您一般通过哪些渠道了解东北情况”和“您比较关注东北哪些方面情况”两项调查结果，对于非东北受访者，他们了解东北相关信息的最主要渠道是网络，其次是新闻报道、亲朋好友介绍、自身经历，报刊书籍的占比相对较小。他们对东北的关注主要集中于经济、旅游、人文三方面（见图1、图2）。

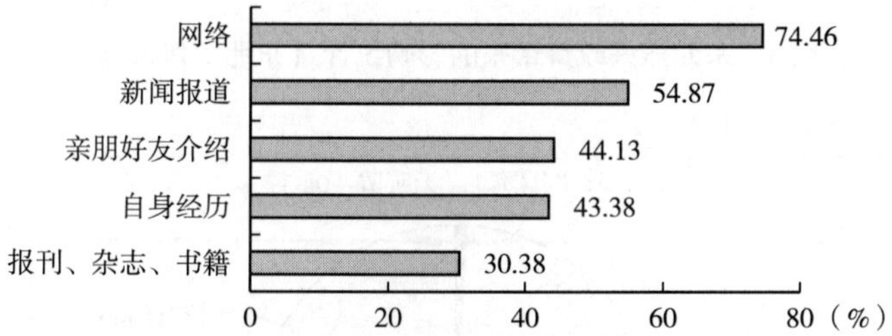

图1　了解东北情况渠道统计（非东北工作人员）

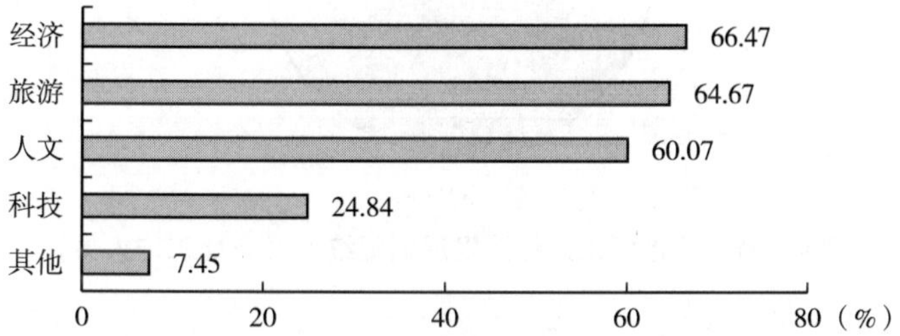

图2　关注东北信息类型统计（非东北工作人员）

（二）发展前景

“东北振兴政策带来了哪些积极影响”的结果显示，东北受访者认为城市面貌改善、生活质量提高、发展机遇增多的占比较高，但也有24.6%的受访者认为东北振兴政策没有带来什么影响，其他选项中部分受访者填写“有影响，但与其他区域相比效果较小”。

在对“东北地区未来经济发展的看法”的调查中，34.49%的东北受访者对东北未来经济发展比较有信心，36.73%的非东北受访者对东北未来经济发展期望一般。91.16%的东北受访者对东北经济发展持有信心，非东北受访者这一比例为87.45%，略微偏低。但总体而言，人们对东北未来经济发展的展望还是偏积极的（见图3、图4和图5）。

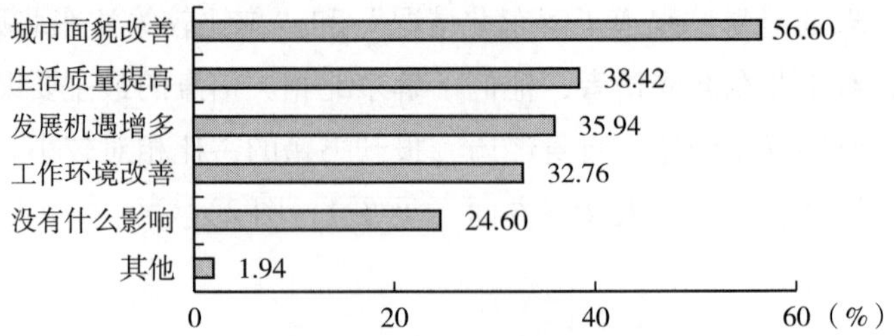

图3　东北振兴政策带来的影响统计（东北工作人员）

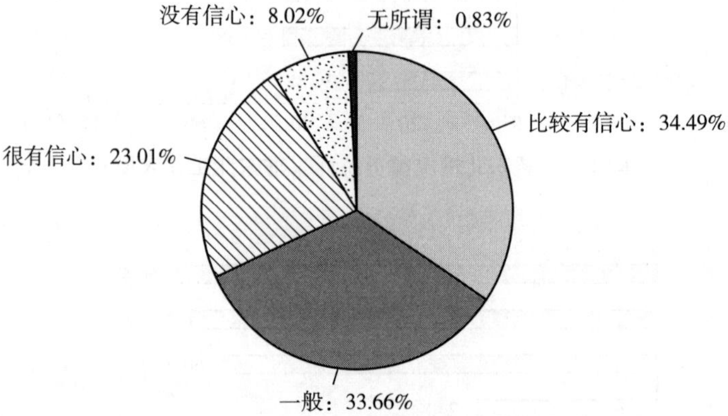

图4　对东北地区未来经济发展期望统计（东北工作人员）

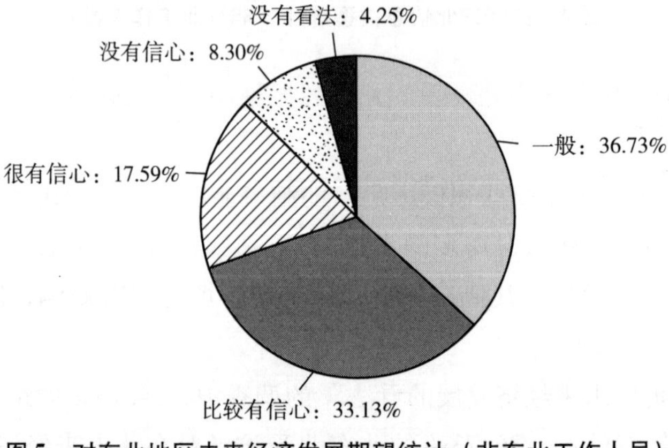

图5　对东北地区未来经济发展期望统计（非东北工作人员）

（三）发展障碍

关于“东北地区经济发展的主要障碍”调查结果显示，东北和非东北受访者表示最主要的三大阻碍是思想观念保守、产业结构不合理、国企占比偏高。

根据访谈结果汇总，一些受访者认为，思想观念保守主要体现在四方面：一是东北民众受计划经济体制影响较大，偏好稳定的国有企业或事业单位就业，创业意识相对薄弱；二是经商人员理念相对保守落后，对于大环境的变化反应不够敏锐，不能及时把握发展机遇；三是政府工作人员思想解放不足，部分干部“官本位”思想根深蒂固，服务意识较差，政策实施偏死板，灵活性较差；四是社会的人情文化氛围较为浓厚，办事有时需要找人托关系。

在产业结构方面，部分受访者认为东北目前产业结构不平衡，第一产业及第二产业比重过大，第三产业比重较小，第二产业中重工业占比过大，轻工业产业和新兴产业发展比较艰难，产业结构总体而言相对老化，支撑经济发展的新经济、新业态发展不充分。

一些受访者认为东北国有企业比重较大，但经营灵活性不足，缺乏创新、危机意识。同时，民营经济发展不充分，政府对民营企业的扶持力度不够，部分中小企业受访者反映目前企业存在融资困难、税费成本较高的现象（见图6和图7）。

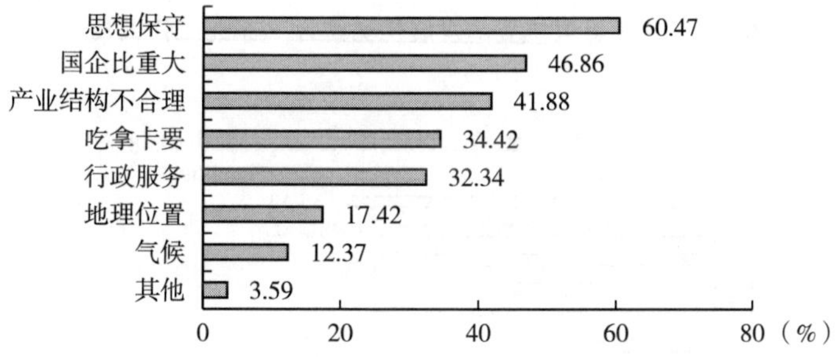

图6　东北地区经济发展障碍统计（东北工作人员）

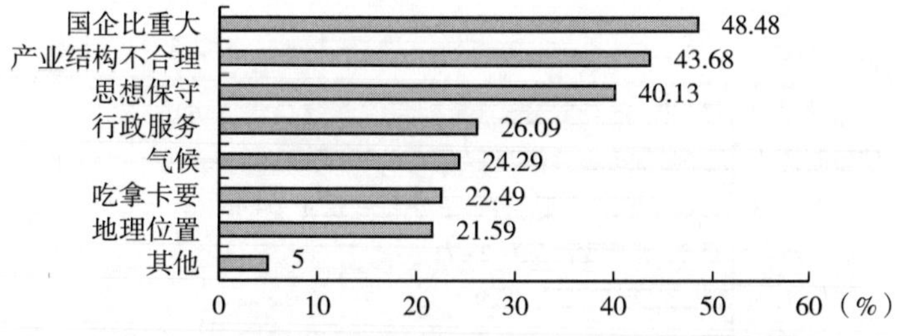

图7　东北地区经济发展障碍统计（非东北工作人员）

（四）发展优势

在关于“东北地区主要的发展优势”调查中，东北和非东北受访者都认为东北主要发展优势是与自然资源和区位有关的优势，例如农林业、冰雪资源、地理位置等。而对外开放、人才基础、气候等方面则占比相对较少，选择其他选项的受访者大多填写的主要优势是东北工业基础雄厚。

关于“东北地区应主要发展哪些产业”调查结果显示，对于东北和非东北受访者，排名前三的产业都是冰雪旅游业、农林业、装备制造业。在其他选项中，部分受访者填写的产业有电子商务、金融业、高端装备制造业、机器人制造业、信息技术产业等（见图8～图11）。

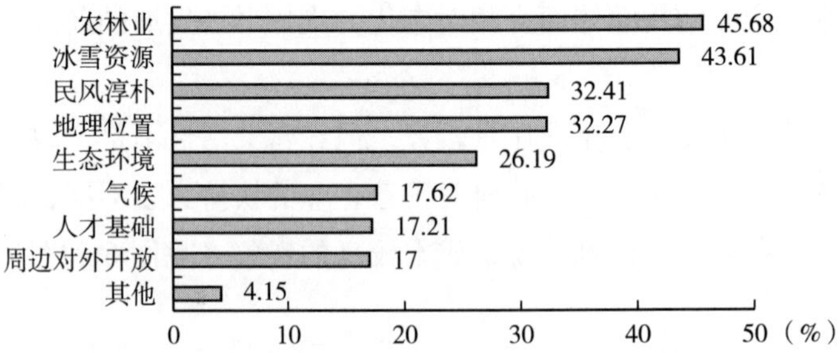

图8　东北地区最主要的发展优势统计（东北工作人员）

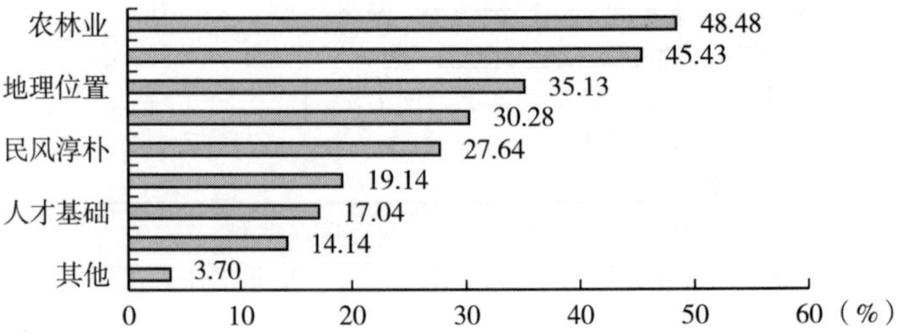

图9　东北地区主要的发展优势统计（非东北工作人员）

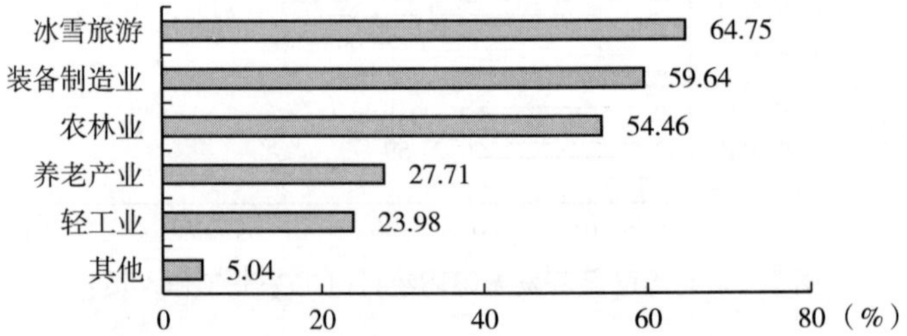

图10　东北地区适合发展的产业统计（东北工作人员）

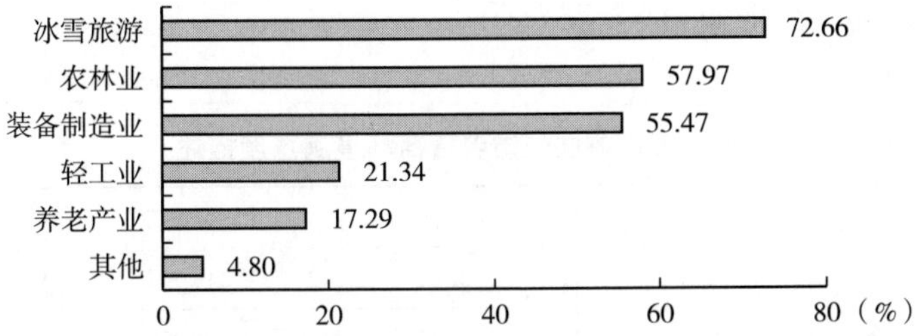

图 11　东北地区适合发展产业统计（非东北工作人员）

本部分主要从整体印象、发展前景、发展障碍、发展优势四个方面调查受访者对东北发展的总体看法，可以得出以下结论：

（1）受访者对东北整体印象的评价相对客观，认同度较高的观点中既涵盖了东北发展的主要优势，也包括目前比较受关注的东北发展问题。

（2）大部分受访者认为东北振兴政策带来了很多积极影响，但仍有改善空间，受访者大多对东北未来经济发展抱着积极乐观态度。

（3）受访者认为东北经济发展的三大主要阻碍是思想观念保守、产业结构不合理、国企占比较大。

（4）受访者认为东北应利用自身自然资源、工业基础及区位优势，主要发展冰雪旅游业、农林业、装备制造业等产业。

三、东北营商环境满意度调查

（一）营商环境总体满意度评价

在“您认为您所在地营商环境如何？”的调查中，我们使用 5 分制评分方法，分数越高表示越满意。总体来看，对于东北本地人来说，营商环境评分的均值为 3.11，略高于中值 3，可以认为东北营商环境处于中等水平，访谈中大部分受访者表示目前东北营商环境建设取得了一定的成果，但还有较大的提升空间（见表 5）。

表 5　营商环境满意度得分统计

营商环境评分	1	2	3	4	5	均值
频数/比例	107（7.39%）	207（14.31%）	652（45.06%）	377（26.05%）	104（7.19%）	3.11

同时，通过 SPSS 软件进行单因素方差分析，对比不同工作单位受访者之间的营

商环境满意度差异，结果如表6～表8所示。

表6　　不同工作单位受访者营商环境满意度描述

	N	均值	标准差	标准误
个体工商户	177	3. 20	0. 944	0. 071
小微型企业	190	2. 95	1. 030	0. 075
大中型企业	346	3. 14	0. 997	0. 054
事业单位	368	3. 05	0. 982	0. 051
其他	366	3. 19	0. 973	0. 051
总数	1447	3. 11	0. 987	0. 026

表7　　不同工作单位受访者营商环境满意度方差分析（ANOVA）

	平方和	df	均方	F	显著性
组间	10. 300	4	2. 575	2. 654	0. 032
组内	1399. 113	1442	0. 970		
总数	1409. 413	1446			

表8　　不同工作单位受访者营商环境满意度方差分析多重比较

（I）工作单位	（J）工作单位	均值差（I－J）	标准误	显著性
个体工商户	小微型企业	0. 251 *	0. 103	0. 015
	大中型企业	0. 068	0. 091	0. 458
	事业单位	0. 152	0. 090	0. 092
	其他	0. 009	0. 090	0. 917
小微型企业	个体工商户	－0. 251 *	0. 103	0. 015
	大中型企业	－0. 183 *	0. 089	0. 040
	事业单位	－0. 099	0. 088	0. 261
	其他	－0. 241 *	0. 088	0. 006
大中型企业	个体工商户	－0. 068	0. 091	0. 458
	小微型企业	0. 183 *	0. 089	0. 040
	事业单位	0. 084	0. 074	0. 254
	其他	－0. 058	0. 074	0. 431

续表

(I) 工作单位	(J) 工作单位	均值差 (I-J)	标准误	显著性
事业单位	个体工商户	-0.152	0.090	0.092
	小微型企业	0.099	0.088	0.261
	大中型企业	-0.084	0.074	0.254
	其他	-0.142	0.073	0.050
其他	个体工商户	-0.009	0.090	0.917
	小微型企业	0.241*	0.088	0.006
	大中型企业	0.058	0.074	0.431
	事业单位	0.142	0.073	0.050

根据方差分析（ANOVA）表，我们可以初步看出在5%的显著性水平下，不同工作单位受访者营商环境满意度均值存在显著差异。多重比较表显示，小微型企业受访者与个体工商户、大中型企业、其他工作单位的受访者之间的营商环境满意度均值存在显著差异，根据描述表，可以看出小微企业受访者营商环境满意度均值为2.95，低于其他类型企业，也低于总体均值（3.11）。

（二）政务环境满意度评价

为调查受访者对东北政务环境的满意度，从政策透明度、政策解读情况、政策落实度、服务意识、审批便利度六方面对其进行综合评价，依然使用5分制评分方法，结果显示，对于东北受访者来说，当地政务环境满意度均值为3.03，略高于中值3，处于中等水平。具体而言，政策透明度评分均值稍高一些，服务意识评分均值最低，为2.94。政策落实度、服务意识、审批便利度三项评分均值低于总体评分均值，满意度相对较低（见表9）。

表9　　政务环境满意度得分统计

政务环境评分	1	2	3	4	5	均值
政策透明度	179（12.37%）	195（13.48%）	542（37.46%）	365（25.22%）	166（11.47%）	3.1
政策解读情况	166（11.47%）	217（15%）	566（39.12%）	355（24.53%）	143（9.88%）	3.06
政策落实度	185（12.79%）	237（16.38%）	558（38.56%）	332（22.94%）	135（9.33%）	3
服务意识	211（14.58%）	274（18.94%）	517（35.73%）	287（19.83%）	158（10.92%）	2.94

续表

政务环境评分	1	2	3	4	5	均值
审批便利度	173（11.96%）	274（18.94%）	525（36.28%）	325（22.46%）	150（10.37%）	3
政务信用	167（11.54%）	218（15.07%）	525（36.28%）	366（25.29%）	171（11.82%）	3.11
小计	1081（12.45%）	1415（16.3%）	3233（37.24%）	2030（23.38%）	923（10.63%）	3.03

对于政策落实满意度较低的情况，东北受访者认为最重要的原因是：缺乏配套政策，助企效果不明显，其他主要原因分别是：政策力度不大、政企信息沟通渠道不畅通、政策不连续、手续烦琐。政策条件门槛高这一原因的选择比例则相对较低（见图 12）。

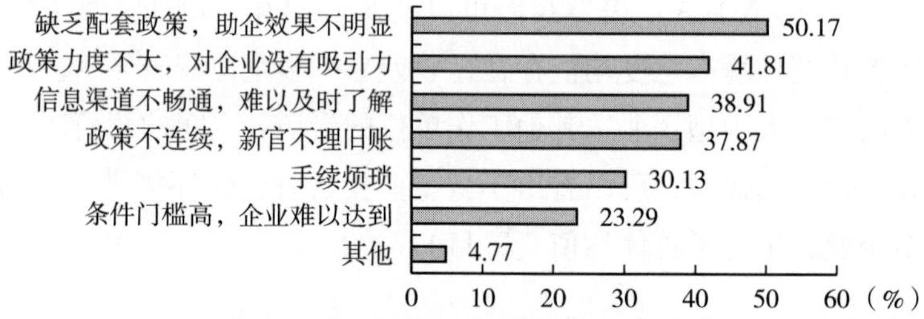

图 12　对政策落实不满意的原因统计

接下来考虑不同工作单位受访者政务环境各方面满意度评价的差异性。同理，方差分析结果如表 10～表 12 所示。

表 10　　不同工作单位受访者政务环境满意度方差分析（ANOVA）

		平方和	df	均方	F	显著性
政策落实度	组间	16.680	4	4.170	3.282	0.011
	组内	1832.303	1442	1.271		
	总数	1848.983	1446			
服务意识	组间	16.373	4	4.093	2.930	0.020
	组内	2014.650	1442	1.397		
	总数	2031.023	1446			

表 11　　不同工作单位受访者政务环境满意度方差分析多重比较

因变量	(I) 工作单位	(J) 工作单位	均值差 (I－J)	标准误	显著性
政策落实度	个体工商户	小微型企业	0.345*	0.118	0.003
		大中型企业	0.064	0.104	0.540
		事业单位	0.178	0.103	0.084
		其他	0.042	0.103	0.684
	小微型企业	个体工商户	－0.345*	0.118	0.003
		大中型企业	－0.281*	0.102	0.006
		事业单位	－0.166	0.101	0.099
		其他	－0.303*	0.101	0.003
	大中型企业	个体工商户	－0.064	0.104	0.540
		小微型企业	0.281*	0.102	0.006
		事业单位	0.114	0.084	0.176
		其他	－0.022	0.085	0.796
	事业单位	个体工商户	－0.178	0.103	0.084
		小微型企业	0.166	0.101	0.099
		大中型企业	－0.114	0.084	0.176
		其他	－0.136	0.083	0.102
	其他	个体工商户	－0.042	0.103	0.684
		小微型企业	0.303*	0.101	0.003
		大中型企业	0.022	0.085	0.796
		事业单位	0.136	0.083	0.102
服务意识	个体工商户	小微型企业	0.362*	0.123	0.003
		大中型企业	0.220*	0.109	0.045
		事业单位	0.260*	0.108	0.016
		其他	0.111	0.108	0.306
	小微型企业	个体工商户	－0.362*	0.123	0.003
		大中型企业	－0.142	0.107	0.184
		事业单位	－0.101	0.106	0.338
		其他	－0.251*	0.106	0.018

续表

因变量	(I) 工作单位	(J) 工作单位	均值差 (I-J)	标准误	显著性
服务意识	大中型企业	个体工商户	-0.220*	0.109	0.045
		小微型企业	0.142	0.107	0.184
		事业单位	0.041	0.089	0.645
		其他	-0.109	0.089	0.220
	事业单位	个体工商户	-0.260*	0.108	0.016
		小微型企业	0.101	0.106	0.338
		大中型企业	-0.041	0.089	0.645
		其他	-0.150	0.087	0.087
	其他	个体工商户	-0.111	0.108	0.306
		小微型企业	0.251*	0.106	0.018
		大中型企业	0.109	0.089	0.220
		事业单位	0.150	0.087	0.087

表12　不同工作单位受访者政务环境满意度描述

		N	均值	标准差	标准误	极小值	极大值
政策落实度	个体工商户	177	3.11	1.167	0.088	1	5
	小微型企业	190	2.77	1.088	0.079	1	5
	大中型企业	346	3.05	1.142	0.061	1	5
	事业单位	368	2.93	1.120	0.058	1	5
	其他	366	3.07	1.120	0.059	1	5
	总数	1447	3.00	1.131	0.030	1	5
服务意识	个体工商户	177	3.13	1.215	0.091	1	5
	小微型企业	190	2.77	1.190	0.086	1	5
	大中型企业	346	2.91	1.167	0.063	1	5
	事业单位	368	2.87	1.192	0.062	1	5
	其他	366	3.02	1.164	0.061	1	5
	总数	1447	2.94	1.185	0.031	1	5

根据方差分析表，可以看出不同受访者仅在政策落实度与服务意识两方面的满意度评价存在显著性差异，其他四个方面的差异不显著，故省略。结合多重比较表和描述表，可以看出，政策落实度方面，在5%的显著性水平下，小微型企业与个体、大

中型企业、其他工作单位之间的满意度均值存在显著差异，小微型企业受访者对政策落实度评价均值最低（2.77），且低于总体水平（3）。在服务意识方面，小微型企业与个体工商户、其他工作单位受访者满意度评价存在显著差异，其服务意识满意度均值为最低（2.77）。同时，事业单位与个体工商户、大中型企业与个体工商户受访者之间的服务意识评价也存在显著差异，个体工商户的评价均值最高（3.13），大中型企业、事业单位还有小微型企业的均值都相对偏低，这三者都低于总体水平（2.94）。

（三）人文环境满意度评价

为调查受访者对东北人文环境的满意度，主要从尊商、重商氛围，教育，社会保障，医疗，交通便利度，社会信用体系六方面对其进行综合评价，结果显示，对于东北受访者来说，当地人文环境满意度均值为3.37，略高于中值3，处于一般水平。具体而言，受访者对交通便利度、教育两方面的满意度均值较高，而尊商、重商社会氛围、社会保障、医疗、社会信用体系四方面的满意度均值低于总体水平。尊商、重商的社会氛围评价值在这六方面中最低（见表13）。

表13　　　　人文环境满意度得分统计

人文环境评分	1	2	3	4	5	均值
尊商、重商的氛围	145（10.02%）	229（15.83%）	554（38.29%）	364（25.16%）	155（10.71%）	3.11
教育	100（6.91%）	143（9.88%）	446（30.82%）	473（32.69%）	285（19.7%）	3.48
社会保障	93（6.43%）	179（12.37%）	539（37.25%）	420（29.03%）	216（14.93%）	3.34
医疗	97（6.7%）	166（11.47%）	520（35.94%）	453（31.31%）	211（14.58%）	3.36
交通便利度	54（3.73%）	123（8.5%）	413（28.54%）	574（39.67%）	283（19.56%）	3.63
社会信用体系	94（6.5%）	181（12.51%）	521（36.01%）	455（31.44%）	196（13.55%）	3.33
小计	583（6.72%）	1021（11.76%）	2993（34.47%）	2739（31.55%）	1346（15.5%）	3.37

接下来，检验不同工作单位受访者对人文环境各方面满意度评价的差异，结果如表14、表15所示。

表 14　　不同工作单位受访者人文环境满意度方差分析（ANOVA）

		平方和	df	均方	F	显著性
尊商重商的氛围	组间	17. 023	4	4. 256	3. 488	0. 008
	组内	1759. 373	1442	1. 220		
	总数	1776. 397	1446			
教育	组间	4. 012	4	1. 003	0. 798	0. 527
	组内	1813. 357	1442	1. 258		
	总数	1817. 368	1446			
社会保障	组间	14. 408	4	3. 602	3. 135	0. 014
	组内	1656. 688	1442	1. 149		
	总数	1671. 096	1446			
医疗	组间	13. 590	4	3. 397	2. 962	0. 019
	组内	1654. 117	1442	1. 147		
	总数	1667. 707	1446			
交通便利度	组间	12. 944	4	3. 236	3. 194	0. 013
	组内	1461. 026	1442	1. 013		
	总数	1473. 970	1446			
社会信用体系	组间	22. 082	4	5. 520	4. 926	0. 001
	组内	1616. 016	1442	1. 121		
	总数	1638. 098	1446			

表 15　　不同工作单位受访者人文环境满意度描述

		N	均值	标准差	标准误	极小值	极大值
尊商重商的氛围	个体工商户	177	3. 25	1. 121	0. 084	1	5
	小微型企业	190	2. 94	1. 142	0. 083	1	5
	大中型企业	346	3. 13	1. 092	0. 059	1	5
	事业单位	368	3. 00	1. 129	0. 059	1	5
	其他	366	3. 21	1. 063	0. 056	1	5
	总数	1447	3. 11	1. 108	0. 029	1	5

续表

		N	均值	标准差	标准误	极小值	极大值
社会保障	个体工商户	177	3.40	0.955	0.072	1	5
	小微型企业	190	3.15	1.080	0.078	1	5
	大中型企业	346	3.43	1.089	0.059	1	5
	事业单位	368	3.25	1.086	0.057	1	5
	其他	366	3.40	1.090	0.057	1	5
	总数	1447	3.34	1.075	0.028	1	5
医疗	个体工商户	177	3.40	1.024	0.077	1	5
	小微型企业	190	3.16	1.032	0.075	1	5
	大中型企业	346	3.47	1.041	0.056	1	5
	事业单位	368	3.30	1.102	0.057	1	5
	其他	366	3.38	1.108	0.058	1	5
	总数	1447	3.36	1.074	0.028	1	5
交通便利度	个体工商户	177	3.75	1.016	0.076	1	5
	小微型企业	190	3.45	1.081	0.078	1	5
	大中型企业	346	3.72	0.962	0.052	1	5
	事业单位	368	3.63	0.995	0.052	1	5
	其他	366	3.57	1.014	0.053	1	5
	总数	1447	3.63	1.010	0.027	1	5
社会信用体系	个体工商户	177	3.54	1.044	0.079	1	5
	小微型企业	190	3.17	1.085	0.079	1	5
	大中型企业	346	3.44	1.059	0.057	1	5
	事业单位	368	3.21	1.080	0.056	1	5
	其他	366	3.34	1.028	0.054	1	5
	总数	1447	3.33	1.064	0.028	1	5

从方差分析表，可以得出在5%的显著性水平下，不同工作单位受访者仅对教育的满意度评价无显著差异，其他方面都有显著性差异。由于篇幅问题，此处省略多重比较表的列示，仅说明结论：在尊商、重商的社会氛围方面，个体工商户受访者的满意度均值最高，小微型企业最低，小微型企业和事业单位受访者对尊商、重商的社会氛围评价偏低，且低于总体平均水平。在社会保障方面，大中型企业受访者的满意度均值最高，小微型企业最低，小微型企业与事业单位的评价值低于总体平均水平。在

医疗方面，大中型企业受访者满意度均值最高，小微型企业最低，小微型企业和事业单位的评价值低于总体平均水平。在交通便利度方面，个体工商户的满意度均值最高，小微型企业最低，小微型企业和其他工作单位受访者评价值低于总体平均水平。在社会信用体系方面，个体工商户的评价均值最高，小微型企业最低，小微型企业和事业单位的评价值低于总体平均水平。

（四）创新创业环境满意度评价

为调查受访者对东北创新创业环境的满意度，从创新创业政策信息发布情况，众创空间、孵化器、大学科技园、双创示范基地建设情况，技术转移服务机构运行情况，人才优惠待遇情况四个方面进行评价。总体看，创新创业环境满意度均值为3.1，略高于中值3，也处于一般水平。具体而言，受访者对人才优惠待遇满意度评价相对较高，其他方面相对较低（见表16）。

表16　　创新创业环境满意度得分统计

创新创业环境评分	1	2	3	4	5	均值
政策信息	143（9.88%）	205（14.17%）	574（39.67%）	395（27.3%）	130（8.98%）	3.11
众创空间等建设	144（9.95%）	249（17.21%）	598（41.33%）	332（22.94%）	124（8.57%）	3.03
技术转移服务机构	136（9.4%）	255（17.62%）	608（42.02%）	329（22.74%）	119（8.22%）	3.03
人才优惠待遇	111（7.67%）	197（13.61%）	561（38.77%）	421（29.09%）	157（10.85%）	3.22
小计	534（9.23%）	906（15.65%）	2341（40.45%）	1477（25.52%）	530（9.16%）	3.1

接下来考虑不同类型受访者对创新创业环境的满意度差异，经检验，不同工作单位受访者对创新创业环境满意度存在明显差异。结果如表17、表18所示。

表17　　不同工作单位受访者创新创业环境满意度方差分析（ANOVA）

		平方和	df	均方	F	显著性
政策信息	组间	19.234	4	4.809	4.192	0.002
	组内	1654.179	1442	1.147		
	总数	1673.413	1446			

续表

		平方和	df	均方	F	显著性
众创空间等建设	组间	14.494	4	3.623	3.191	0.013
	组内	1637.228	1442	1.135		
	总数	1651.722	1446			
技术转移服务机构	组间	14.075	4	3.519	3.194	0.013
	组内	1588.819	1442	1.102		
	总数	1602.894	1446			
人才优惠待遇	组间	14.404	4	3.601	3.232	0.012
	组内	1606.587	1442	1.114		
	总数	1620.991	1446			

表 18　不同工作单位受访者创新创业环境满意度描述

		N	均值	标准差	标准误	极小值	极大值
政策信息	个体工商户	177	3.20	1.013	0.076	1	5
	小微型企业	190	2.93	1.071	0.078	1	5
	大中型企业	346	3.23	1.088	0.058	1	5
	事业单位	368	3.00	1.099	0.057	1	5
	其他	366	3.17	1.054	0.055	1	5
	总数	1447	3.11	1.076	0.028	1	5
众创空间等建设	个体工商户	177	3.14	1.021	0.077	1	5
	小微型企业	190	2.92	1.100	0.080	1	5
	大中型企业	346	3.14	1.102	0.059	1	5
	事业单位	368	2.91	1.091	0.057	1	5
	其他	366	3.05	1.005	0.053	1	5
	总数	1447	3.03	1.069	0.028	1	5
技术转移服务机构	个体工商户	177	3.13	0.994	0.075	1	5
	小微型企业	190	2.86	1.037	0.075	1	5
	大中型企业	346	3.12	1.071	0.058	1	5
	事业单位	368	2.94	1.072	0.056	1	5
	其他	366	3.07	1.040	0.054	1	5
	总数	1447	3.03	1.053	0.028	1	5

续表

		N	均值	标准差	标准误	极小值	极大值
人才优惠待遇	个体工商户	177	3.34	1.016	0.076	1	5
	小微型企业	190	3.05	1.063	0.077	1	5
	大中型企业	346	3.30	1.081	0.058	1	5
	事业单位	368	3.12	1.067	0.056	1	5
	其他	366	3.26	1.035	0.054	1	5
	总数	1447	3.22	1.059	0.028	1	5

根据方差分析表，可以看出在5%的显著性水平下，不同工作单位的受访者对创新创业环境的各方面满意度都存在显著性差异。由于篇幅限制，多重比较表省略，仅说明最终结论：在创新创业政策信息发布方面，小微型企业受访者满意度最低，大中型企业最高，小微型企业和事业单位的满意度均值低于总体平均水平；在众创空间、孵化器、大学科技园、双创示范基地建设情况方面，事业单位和小微型企业受访者的满意度都偏低，且低于平均水平，大中型企业和个体工商户的满意度最高；从技术转移服务机构运行情况看，事业单位和小微型企业受访者的满意度依然偏低，且低于平均水平，个体工商户受访者满意度最高。从人才优惠待遇情况看，也是事业单位和小微型企业受访者的满意度偏低，个体工商户受访者满意度最高。

本部分通过政务环境、人文环境、创新创业环境三方面调查受访者对东北营商环境的满意度情况。根据调查结果，东北受访者对营商环境评分的均值为3.11，处于中等水平，仍有较大提升空间；在政务环境方面，总体满意度均值为3.03，其中政策落实度、服务意识、审批便利度满意度相对较低；在创新创业环境方面，总体满意度均值为3.1，具体而言，受访者对创新创业政策信息发布情况、众创空间、孵化器、大学科技园、双创示范基地建设情况、技术转移服务机构运行情况的满意度相对较低；在人文环境方面，总体满意度均值为3.37，略高于以上两方面。具体而言，受访者对尊商、重商社会氛围，社会保障，医疗，社会信用体系四个方面的满意度均值低于总体水平。同时，不同工作单位受访者对营商环境满意度评价存在差异，在小微型企业工作的受访者对营商环境各方面满意度与其他受访者比相对偏低。

四、东北营商环境存在的主要问题分析

在“您认为东北营商环境存在的主要问题?”调查中，东北受访者认为存在最突出的三个问题是：人才流失问题严重、政府服务意识差与工作效率低下、创新与竞争

意识较差，这三个问题占比都达到40%以上。管得过多过死、惠企政策落实力度差、权益保护等软环境较差这三个问题的占比也都达到30%以上（见图13）。

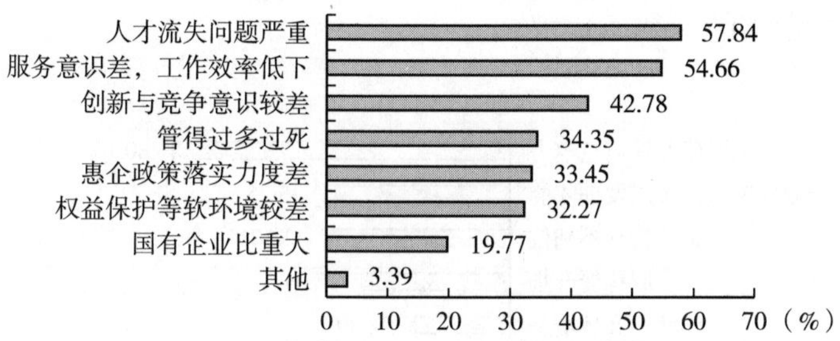

图13　东北营商环境存在的主要问题统计

同时，我们也调查了非东北受访者认为东北营商环境存在的薄弱问题。主要从吸引人才政策、政府招商引资及宣传力度、对企业扶持政策、政企沟通交流渠道、产业配套与供应链系统五个方面对营商环境进行评分，最终综合得分为2.96，低于中值3，可见非东北受访者对东北营商环境的满意程度还是相对偏低的。具体而言，吸引人才政策、政府招商引资及宣传力度都低于总体平均水平，企业扶持政策竞争力、政企对接沟通渠道、产业配套与供应链三项均值都为3左右，也相对一般（见表19）。

表19　　非东北受访者对东北营商环境满意度评价统计

题目/评分	1	2	3	4	5	均值
吸引人才政策	246（12.29%）	456（22.79%）	817（40.83%）	301（15.04%）	181（9.05%）	2.86
招商引资	198（9.9%）	445（22.24%）	879（43.93%）	303（15.14%）	176（8.8%）	2.91
企业扶持政策	164（8.2%）	384（19.19%）	864（43.18%）	406（20.29%）	183（9.15%）	3.03
政企对接沟通渠道	179（8.95%）	377（18.84%）	885（44.23%）	379（18.94%）	181（9.05%）	3
产业配套与供应链	167（8.35%）	385（19.24%）	915（45.73%）	351（17.54%）	183（9.15%）	3
小计	954（9.54%）	2047（20.46%）	4360（43.58%）	1740（17.39%）	904（9.04%）	2.96

对于受访者认为最制约东北营商环境的人才流失问题，我们进行了详细调查。首先，针对非东北受访者提出的“您所接触的东北生源大学毕业生，他们就业时倾向于在何处就业？”结果显示：仅16.29%的东北生源大学毕业生倾向在东北就业，33.93%倾向去北上广深就业，27.94%选择国内其他地区，可以看出东北留住本地培

养的高校人才能力相对较弱。其次，对东北与非东北受访者调查东北人才流失的主要原因。结果显示，两者认为东北人才流失最主要的三大原因是："经济发展与薪酬条件无法满足人才需要""产业发展差，难以发挥人才能力""企业管理不到位，用人制度不透明"（见图 14、图 15）。

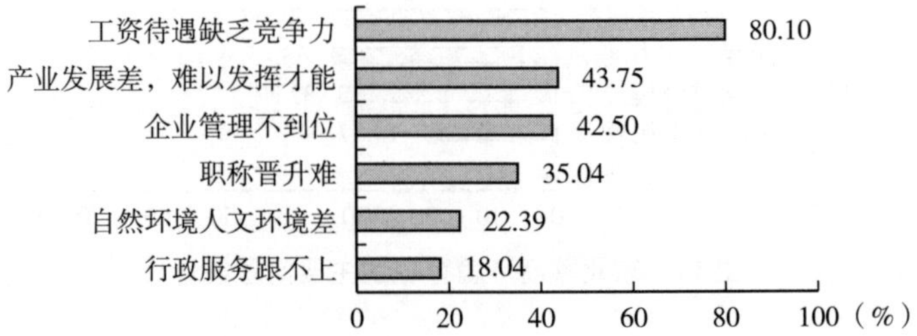

图 14　东北人才流失主要原因统计（东北工作人员）

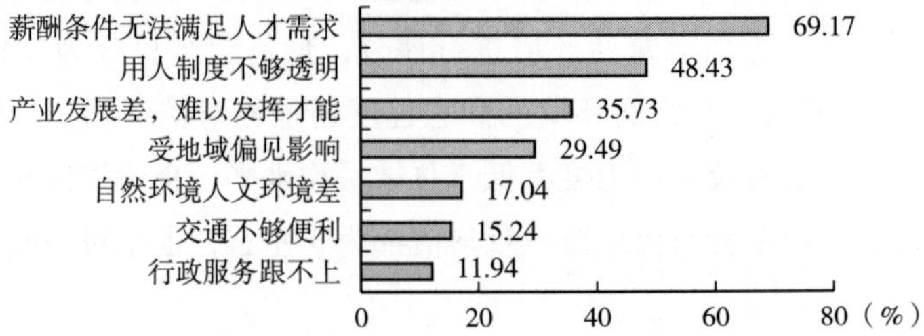

图 15　东北人才流失主要原因统计（非东北工作人员）

五、优化东北营商环境的对策建议

在"您认为优化东北营商环境，最急需改进的是什么"这一问题中，政务服务意识和工作作风、中高端人才引进和培养、对中小企业的产权保护三项选项占比都超过 30%，行政监管方式、创新创业政策支持、融资平台与机制完善、降税减费政策的占比都超过 20%，规范涉企收费占比相对较低，为 10.99%（见图 16）。

（一）完善中高端人才引进、培养与激励机制

根据受访者的反馈，东北地区的人才引进政策、人才薪酬制度、人才发展前景与其他地区相比缺乏吸引力，因此东北引进和留住中高端人才难。破解东北人才流失困境，需要完善人才引进、培养与激励机制，打造吸引人才集聚的环境。

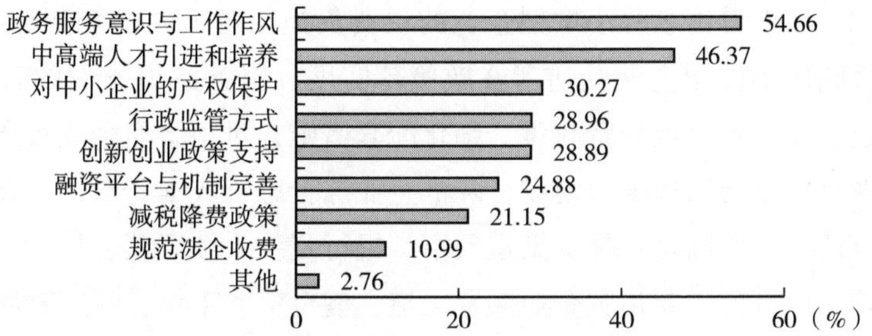

图16　优化东北营商环境措施统计

第一，政府应完善人才落户优惠政策，降低人才落户的门槛，进一步简化落户程序，放宽住房补贴限制，给予人才自主选择落户地点的权利。同时，打造适宜人才居住的社会人文环境，完善城市基础设施建设，提高教育、医疗卫生、交通等公共服务供给质量，解决人才子女入学难的问题，放宽人才及家属参保限制。

第二，企业应充分信任人才、尊重人才，转变内部管理体制和选人用人制度，使能者居其位尽其才。在物质激励层面，要提高中高端人才的薪酬水平，结合不同类型人才的发展需求，探索多元化、个性化的激励机制，优化内部工作环境，增强人才的归属感。

第三，构建政府、高校、企业人才联合培养体系，统筹各方优秀资源，创新人才培养模式。高校培养人才应更适应企业与市场需求，开设相关课程，邀请企业高管或政府人员传授实战经验，同时派遣高校专业教师资源对企业员工进行技能培训。建立政府、高校、企业三方长期人才信息交流渠道，通过联合会议及信息交流平台，了解企业人才需求情况，共议专业人才培养模式及问题。

（二）提高政务服务意识，创新监管方式

第一，完善服务型政府建设，推进内部行政管理体制改革。政府工作人员要改变“官本位”思想，提高服务意识，树立“亲商、清商、惠商”意识，打击“吃拿卡要”的工作作风。进一步简化行政手续和办事流程，加快推广“互联网＋政务”模式，确保大多数审批事项可以通过线上完成，提高工作效率，降低企业制度性交易成本。同时，加强基层行政人员队伍建设，完善政策落实情况监督考核与问责机制，打造诚信政府，兑现招商引资承诺，增强政策落实力度与稳定性。

第二，继续加强小微型企业的惠企政策落实力度。根据问卷调查，22.6%的受访者认为，“营改增”后，所在企业的税费负担基本没有太大变化，6.91%的受访者认为有所增加，单就小微型企业来说，31.05%的小微型企业受访者认为无明显变化，11.58%认为有所增加。对于大中型企业，22.83%的受访者认为无明显变化，7.23%

认为有所增加。可以看出东北小微型企业的税费负担相对于大中型企业还是较重的。上面分析也反映出小微型企业受访者在政策落实度、服务意识方面的满意度评价较低。政府应进一步完善减税降费政策，细化配套措施，对小微型企业实施普惠性税收减免。完善融资机制与服务平台建设，降低企业综合融资成本。根据调查，受访者认为企业融资难的三大原因是：融资渠道狭窄、银行贷款手续烦琐、贷款利率过高。为解决这些问题，一方面，要拓宽企业融资渠道，健全资本市场，政府要加强对天使投资、风险投资、私募股权投资的政策引导，使其向小微型企业、科技型初创企业集聚；另一方面，商业银行要继续开发和提供符合小微型企业特色的金融产品及服务，降低小微型企业贷款利率及相关担保费用。激励金融机构利用现代金融科技、大数据、互联网技术搭建企业金融服务平台，为企业提供更高效便捷的线上服务，减少线下办理业务的诸多烦琐。

第三，规范政府市场监管行为。一方面，政府应坚持竞争中性原则，破除所有制、地域歧视，放宽市场准入条件，营造公平竞争的市场环境。探索适合目前新经济、新业态发展的监管办法，坚持包容审慎监管原则，为其提供足够的发展空间。根据“在当地投资经营，权益是否能得到有效保护”调查，50.31%受访者认为较少情况能够得到保护，6.08%认为不能得到保护。因此，政府应进一步加强对企业权益的保护，尤其是知识产权保护。另一方面，要坚持依法行政，规范执法行为。根据“行政人员是否存在收费、罚款、检查不合理问题”调查，48.58%的受访者认为有时有，17%认为经常有。可见，现阶段东北地区还存在着不依法行政、执法随意化现象。接下来应着力打造法治化营商环境，约束政府行政、执法人员的自由裁量权，增强其法治意识，规范涉企收费问题，促进收费事项公开透明化。

（三）促进产业结构转型，积极培育新动能

第一，提高第三产业比重，弥补现代服务业发展短板。根据前述调查，受访者认为东北产业结构存在失衡现象，第三产业占比偏低。因此，应大力发展现代服务业，如现代物流、金融服务等行业，推动传统零售、批发、餐饮服务行业提质增效与转型升级。放宽服务业市场准入限制，加大对服务业企业的财政支持力度，将现代服务业视为东北经济转型升级的重要引擎。

第二，加深产业融合程度，利用高新技术、互联网技术对传统装备制造业进行改造，提高装备制造业的智能化、数字化、绿色化发展水平。促进现代农业与服务业融合发展，打造生态观光园，延长农业产业链，发展现代绿色农业。同时，要充分利用东北丰富的自然资源与独特的地理位置优势，因地制宜发展现代生物制药产业，冰雪经济、生态旅游业。

第三，加强新型基础设施建设，为东北新经济、新业态发展保驾护航。以5G、数据中心、人工智能、工业互联网、物联网等为主的新型基础设施建设是培育东北战略性新兴产业及未来产业的沃土，对东北经济结构转型和保障民生发展具有重大战略意义。东北应抓住发展机遇，加快新基建设计布局步伐，增强新基建投资力度，探索政府引导、社会民间资本共同参与的投资建设模式。

（四）破除思想观念束缚，营造创新创业氛围

第一，要在全社会培育鼓励创新创业的文化氛围，倡导尊商、重商的理念，弘扬勇于创新、公平竞争、诚实守信、宽容失败的创业文化。深化创新创业教育，高校要通过开展相关课程和活动，培育学生的创新创业能力。

第二，加强创新创业政策支持力度。政府应做好创新创业政策发布、宣传及解读工作，使得企业能更便捷准确了解各项优惠政策的情况。加快建设众创空间、企业孵化器等创新创业平台，为小微初创企业提供良好的成长环境，通过创业试验，提升企业存活率。完善以企业为创新主体、以市场需求为导向、产学研深度融合、创新链与产业链交融的科技成果转化机制，增强科技成果对经济发展的促进作用。推动专业化技术转移机构、科技成果转化服务交易平台建设，促进东北科技中介服务行业发展。完善科技成果权益管理制度，尝试给予科研人员职务科技成果所有权或长期使用权。

第三，深入推进国有企业改革。优化国有资本布局，国有经济要逐渐从不具备盈利优势的普通竞争性行业中退出，更多集中于公共产品及服务供给、战略性新兴产业等涉及国计民生的重点领域。在竞争性行业的国有企业应以混合所有制改革为抓手，释放国有企业内部活力。做到深层次混改，不仅需要吸引非国有资本参与改革，更要聚焦于国有企业内部管理体制的切实转变，通过试点探索管理层员工持股、差异化股权设计、薪酬管理、选人用人制度等方面的具体改革方法，逐步完善公司治理体系。

Investigation Report on Business Environment in Northeast China

ZHANG Yi

Abstract: Business environment is not only an important symbol of regional core competitiveness, but also the soft power guarantee of high-quality economic development. Based on the network survey data and interview results of business environment in Northeast China, this paper systematically evaluates the satisfaction of business environment in Northeast China from the perspectives of government environment, humanistic environment and innovation and entrepreneurship environment, and analyzes the existing problems of business environment in Northeast China. On this basis, it puts forward the direction of further optimizing the business environment in Northeast China, such as improving the talent incentive mechanism, innovating the government supervision mode, promoting the transformation of industrial structure, and creating the atmosphere of innovation and entrepreneurship.

Key words: Northeast China　business environment　adjustment

“海洋中心城市”视阈下提升大连海洋文化软实力对策研究*

戴　锦**

摘　要： 建设“海洋中心城市”是大连未来发展的一个重要战略目标。发展大连海洋文化，提升大连海洋文化软实力对于大连建设海洋中心城市具有重要的助推作用。对于沿海城市而言，海洋文化是其城市文化的重要底蕴和核心内涵。基于SWOT分析框架，对大连提升海洋文化软实力战略的外部机遇和威胁、内部优势和劣势进行了分析，提出了确立差异化发展思维、大力提升海洋文化软实力、助推大连海洋中心城市建设的若干对策建议。

关键词： 海洋中心城市　海洋文化　软实力

一、引　言

2017年6月，国家发改委、国家海洋局印发《全国海洋经济发展“十三五”规划》，提出“推进深圳、上海等城市建设全球海洋中心城市”，首次提出了建设“全球海洋中心城市”战略。在“全球海洋中心城市”战略引领下，国内许多沿海城市纷纷酝酿将“海洋中心城市”确立为城市未来发展的新定位。作为我国北方重要的沿海城市和东北亚国际航运中心，大连具备建设海洋中心城市的巨大潜力。2020年4月，大连市人民政府发布《大连市加快建设海洋中心城市的指导意见》，明确提出大

* 基金项目：大连市社会科学联合会2019年度课题（2019dlskly092）。

** 作者简介：戴锦（1968～），辽宁沈阳人，大连交通大学经济管理学院副教授，经济学博士，研究方向：产业经济学。

连建设海洋中心城市的战略目标：到2025年，建成中国北方重要的海洋中心城市，海洋经济增加值比2018年翻一番；到2035年，建成东北亚海洋中心城市，海洋经济实现高质量发展。

按照国际海洋组织提出的海洋中心城市指标体系，海洋中心城市评价指标主要包括两大类：一是涉及航运中心、港口与物流、现代海洋产业等方面的“硬实力”指标；二是涉及海洋金融与法律、海洋科技与教育、营商便利度、城市创新能力和企业家精神、国际化的优良生活环境等方面的“软实力”指标。发展各种海洋经济“硬实力”是海洋中心城市建设的题中之义，同时“软实力”建设对于吸引领先的海洋产业、海洋相关企业和海洋领域高端人才的进入和聚集也起到十分重要的作用。除了上述各种“软实力”外，笔者认为，在海洋中心城市软实力建设中，海洋文化软实力建设也是一个不可或缺的部分。与海洋中心城市其他软实力相比，海洋文化软实力更能体现海洋中心城市的文化底蕴和人文精神，对于塑造海洋中心城市形象，带动海洋旅游等服务业发展具有重要的促进作用。特别是对于大连而言，在海洋经济等“硬实力”方面与上海、深圳等海洋强市相比还有明显差距，例如，大连预计到2020年海洋产业增加值达到2000亿元，而深圳市2017年海洋产业增加值就已达到2224亿元，短期内也难以赶上。如果能够另辟蹊径，在大力发展海洋经济“硬实力”的同时，积极加快提升海洋文化软实力，对于大连建设海洋中心城市将会起到积极的助推作用。本文对大连发展海洋文化软实力的相关理论和现实问题进行初步分析，提出若干提升大连海洋文化软实力的相关对策，为大连建设海洋中心城市提供若干理论参考和政策建议。

二、软实力及海洋文化软实力研究综述

软实力概念是美国著名外交和战略学者约瑟夫·奈（Joseph S. Nye）于1990年首先提出的。奈认为软实力是指利用文化、意识形态、制度等无形资源影响其他国家的能力，软实力包含三个要素，即有吸引力的文化、政治价值观与合理并有道德权威的外交政策（Nye，1990，2004）。奈的软实力概念主要是指外交领域的国家软实力。软实力概念在我国也受到学术界广泛关注，并进一步衍化为文化软实力。对于文化软实力问题，国内学者进行了广泛探讨。赵社娜、李明轩（2009）认为文化软实力包含国家、城市、企业和个人四个层面的文化软实力。朴桂荣（2008）认为文化软实力主要是指在社会文化领域中具有精神感召力、社会凝聚力、市场吸引力、思想影响力与心理驱动力的文化资源。许德金、焦晶（2017）认为，文化资源仅是构成文化软实力的要素之一，文化资源要转化为文化软实力是需要实现路径的。文化软实力是

具有稀缺性的文化资源，以具化（身体化）、物化与制度化等不同形式的载体，通过官方与民间渠道，借助外交、教育、传媒、文化贸易、民间交流等多重路径而“资本化”，并为主体与客体带来经济与社会等收益的能力。易小明（2018）认为文化软实力是指一个国家或地区文化的影响力、凝聚力和感召力，是国家软实力的核心因素。在国家战略层面，文化软实力作为弘扬中华传统文化、树立文化自信、提升中华文化国际影响力的一个重要理论范畴受到党中央的高度重视。2007 年党的十七大报告中提出发展文化软实力问题，并将文化软实力阐释为“那些在社会文化领域中具有精神的感召力、社会的凝聚力、市场的吸引力、思想的影响力与心理驱动力的文化资源”。2013 年 11 月习近平总书记在党的十八届三中全会报告中明确提出要“建设社会主义文化强国，增强国家文化软实力”。

随着文化软实力研究的进一步深入，一些学者将文化软实力概念扩展到城市文化研究中，进一步探讨了城市文化软实力建设问题。郭超、宋继华（2017）认为城市文化软实力的主要作用是展示城市风貌、储存城市记忆、决定城市品质和塑造城市精神风貌。吴功亮、蔡悦灵（2017）将城市文化软实力划分为文化生产力、文化传播力、文化影响力、文化保障力四个维度，并利用主成分分析法对我国十大城市群文化软实力进行了多维度分析。黄潇潇（2018）将城市文化软实力定义为由城市精神、城市核心价值观、城市文化资源、历史文化遗存、文化资产、市民素质等元素构成的一个城市的影响力、凝聚力与感召力。高媛（2013）认为城市文化软实力是在城市文化基础上所表达出的感召力和影响力，在城市精神上体现出的是城市凝聚力和向心力，技术上体现为文化的吸引力和文化创作的上升力，物质上则是以文化载体（文化产品、文化产业）所表达出的竞争力和文化品牌效应，行为上则是城市市民对城市的心理认同、自豪感和幸福感，以及对城市传统文化的继承。

对于沿海城市而言，海洋文化是其城市文化的重要底蕴和核心内涵。敖攀琴（2017）认为中国沿海地区是海洋文化的孕育地与发源地，并将我国海洋文化划分为辽宁海洋文化、齐鲁海洋文化、吴越海洋文化、岭南海洋文化、闽粤海洋文化、潮汕海洋文化等若干地域性海洋文化。一些学者结合某些沿海城市实际发展特点对城市海洋文化软实力现状、特点及提升策略进行了初步探讨。刘迎迎等（2017）从海洋文化旅游、海洋节庆会展、涉海休闲渔业、海洋休闲体育、涉海对策研究与新闻业五个方面分析了日照市海洋文化产业发展状况。施立奎等（2018）认为提升青岛文化软实力，必须大力构建特色海洋文化体系，包括海洋旅游文化、海洋节庆文化、海洋产业文化、海洋科技教育文化、港口文化、海岛文化等。陈润（2017）提出舟山海洋文化产业开发应主要以海洋旅游业、节庆日会展、休闲渔家乐、文旅产品为主。

综上所述，可以看出，软实力是一个内涵丰富且处于不断衍化发展之中的战略理念，从外交战略意义上的软实力，到国家文化发展战略意义上的文化软实力，再到城市发展战略意义上的城市文化软实力以及沿海城市发展战略意义上的海洋文化软实力，软实力的概念内涵不断被引申、创新和具体化。结合本文的研究目标，本文将海洋文化软实力定义为：海洋文化软实力是沿海城市文化软实力的重要组成部分，主要是指在沿海城市的自然和人文景观、文化和体育活动、文旅产业、文化习俗、城市人文精神等方面体现的海洋文化特色所产生的城市文化吸引力、凝聚力和感召力。

三、大连海洋文化软实力 SWOT 分析

首先提出“全球海洋中心城市”概念的北京大学汇丰商学院海上丝路研究中心研究员张春宇认为，全球海洋中心城市应当是“能够充分彰显海洋景观魅力、海洋文化特色；生态与城市和谐共生的城市。”① 显然，塑造城市海洋文化特色，提升海洋文化软实力是建设海洋中心城市的重要一环。大连既然将建设“海洋中心城市”作为长远发展愿景，就应当积极确立提升大连海洋文化软实力战略，以助推大连海洋中心城市建设。为此，本文利用 SWOT 战略分析方法对大连提升海洋文化软实力的外部机遇和威胁、内部优势和劣势进行初步探讨。

（一）机遇和威胁

大连提升海洋文化软实力的机遇主要包括政策机遇和产业结构升级机遇。首先，“一带一路”建设、东北亚航运中心建设为大连提升海洋文化软实力，建设海洋中心城市提供了良好的政策环境和发展机遇。推进“一带一路”建设是我国扩大和深化对外开放、构建全方位开发格局的基本国策。2018 年 9 月中共辽宁省委、辽宁省人民政府发布《辽宁“一带一路”综合试验区建设总体方案》，提出发挥辽宁作为中国、俄罗斯、日本、韩国、朝鲜、蒙古最便捷的中转枢纽功能，共建“东北亚经济走廊”、创建“大连自由贸易港”、建设以世界级海陆港口集群为支撑的辽宁“港口经济圈”等战略构想。在上述辽宁“一带一路”倡议构想中，大连都处于战略实施的中心环节，从而为大连建设海洋中心城市和提升海洋文化软实力提供了积极的政策环境和重要政策支撑。2009 年颁布的《国务院关于进一步实施东北地区等老工业基地振兴战略的若干意见》中提出了将大连建设成为“东北亚国际航运中心”的国家战略。国际航运中心是融发达的航运市场、丰沛的物流、众多的航线航班于一体，一般以国际贸易、金融、经济中心为依托的国际航运枢纽。东北亚国际航运中心建设为

① 汪涛：《全球海洋中心城市“三问”》，载《中国海洋报》2018 年 4 月 19 日。

推进大连进一步发展成为东北亚区域海洋中心城市提供了重要的战略机遇，也为大连提升海洋文化软实力提供了雄厚扎实的产业基础和良好的环境氛围。其次，随着中国人均 GDP 跨越 10000 美元大关，产业结构升级将进一步加快，文化、体育、旅游等服务业迎来新的发展机遇。大连是我国著名的滨海旅游城市，文旅产业一直是大连重要的支柱产业，滨海旅游资源是大连文旅产业的核心竞争力，抓住文旅产业大发展的历史机遇，以发展海洋文化为引领，积极开发大连滨海旅游资源，提升大连文旅产业核心竞争力，对于大连海洋中心城市建设将产生积极的助推作用。

大连提升海洋文化软实力的威胁主要是其他一些沿海城市在海洋中心城市建设和发展海洋文化软实力方面已率先推出诸多战略举措，对大连建设海洋中心城市形成了较大的外部竞争压力。例如，2017 年 12 月广东省推出《广东省海岸带综合保护与利用总体规划》，提出将广州、深圳建设成为全球海洋中心城市，将珠海、汕头、湛江建设成为区域性海洋中心城市，打造一批海洋特色小镇和特色渔村，初步建成蓝色优质生活圈。青岛市被列为“十二五”“十三五”海洋经济创新发展示范城市，正在形成海洋生物制品、海洋医药、海洋装备制造、海洋电子信息、海水综合利用、现代海洋渔业六大海洋产业集群，成为“山东半岛蓝色经济区”的领军城市。青岛国际奥帆中心、东亚海洋合作平台等标志性工程建设使青岛在海洋文化软实力方面已经塑造出具有一定国际影响力的海洋文化品牌。如果大连不能进一步加快海洋中心城市建设，就可能在此轮海洋中心城市竞争中失去先机，从而也进一步导致大连在海洋文化软实力竞争中失去话语权。

（二）优势和劣势

作为我国重要的沿海城市，大连提升海洋文化软实力具有诸多优势，大致可以概括五大优势：（1）区位优势。大连拥有东北地区自然条件最好的港口，是东北地区主要出海口；大连位于东北亚区域中心，与俄罗斯、蒙古、朝鲜、韩国、日本有着密切的贸易往来和经济文化交往，在东北亚区域合作中扮演着重要角色，具有举足轻重的战略性地位；大连处于亚欧大陆桥东端，是中蒙俄经济走廊、东北亚经济走廊、新欧亚大陆桥经济走廊等多个一带一路项目的交汇点和中转枢纽。（2）海洋经济优势。大连是东北地区经济最发达的城市，特别是在港口物流、海上进出口贸易、船舶制造、海洋渔业、滨海旅游等海洋产业方面优势突出。（3）海洋文化资源优势。大连拥有丰富的海洋文化资源。在海洋生态文化资源方面，有被列入联合国教科文组织“人与生物圈”计划的蛇岛老铁山保护区；在海洋地质文化资源方面，有全国唯一海岸带国家地质公园——大连滨海国家地质公园；在滨海旅游文化资源方面，有全国第一个现代化海洋主题公园——老虎滩海洋公园，以及国家海洋公园——金石滩国家旅游度假区，圣亚海洋世界是中国第一座海底通道式水族馆，设有亚洲最大展示珊瑚礁生物群为主的海洋珊瑚馆。大连是我国首艘航母的建造基地，是我国重要的海军基地，大连海军广场是全世界第三个海军广场，拥有丰富的海军文化资源。大连拥有多个著名的海滩浴场，每年都有大连国内外游客慕名而来，形成了浓厚的海浴文化。大连拥有星罗棋布的海岛和渔村，蕴含着丰富的海洋民俗文化资源，如每年农历六月十三，旅顺渔民为龙王庆生而举办的以祭海祈福、牤牛岛放生，向龙王祈求“保平安，鱼满舱”等民俗活动为主要内容的“旅顺渔人节”（旧称“龙王节”），在2010年12月入选大连市第四批非物质文化遗产名录。（4）海洋科研教育优势。大连拥有大连海事大学、大连海洋大学等一批以海洋交通运输、海洋治理、海洋水产养殖为特色的国内外著名高等学府，在海洋科学研究、高等教育、人才培养方面拥有雄厚的优势。（5）城市品牌优势。大连是闻名海内外的中国北方“滨城”，享有“北方香港”“足球城”“浪漫之都”等城市美誉，曾与杭州、成都一起被世界旅游组织命名为首批三大“中国最佳旅游城市”。上述优势为大连提升海洋文化软实力提供了雄厚的区位、自然、经济和人文基础。

虽然大连拥有众多优质的海洋文化资源，但是受一些制约因素的影响，这些海洋文化资源还没有完全有效地转化为大连海洋文化软实力。这些制约因素或者说发展劣势主要包括：（1）在城市发展战略中没有充分重视海洋文化特色。以大连旅游业为例，目前大连旅游业的发展定位是“东北亚旅游胜地”。这一定位不仅没有与东北其他城市旅游业的发展定位区别开来，更没有突出大连海洋文化特色，对以滨海旅游为主的大连旅游业难以起到有效的引领作用。（2）在城市文化建设中海洋文化特色不够鲜明。如大连国际啤酒节、赏槐节、大樱桃节、草莓节、大连国际马拉松等文旅项目虽然在国内外有一定知名度，但与其他城市的类似项目雷同，没有体现大连作为滨海城市的海洋文化特点，没有形成差异化竞争优势，一直不温不火。（3）海洋资源环境保护和治理水平较低。例如，作为滨海旅游主要载体的海滨浴场服务设施不够完善、浴场卫生状况不尽如人意、海水污染较严重、服务水准不高。特别是近年来海景房的过度开发，以及在滨海景区沿线修建过多的人造景观和交通设施，对滨海景观资源破坏严重，严重影响了大连旅游形象，对大连海洋文化软实力也是一种损害。

四、提升大连海洋文化软实力的若干对策

虽然从海洋经济规模和在全球海洋治理中的影响力来看，大连目前尚不具备成为全球海洋中心城市的成熟条件，但大连可以先从建设北方海洋中心城市起步，再进一步建设东北亚区域性海洋中心城市，并最终向全球海洋中心城市迈进。同时在大连与

上海、深圳等海洋中心城市“对标”的同时，一定要确立差异化发展思维，选择发展海洋文化作为一个战略突破口，通过大力提升海洋文化软实力，助推大连海洋中心城市建设，为此可积极采取以下一些对策：

（1）发展海洋论坛文化，设立大连国际海洋经济论坛。笔者建议，可将大连夏季达沃斯世界经济论坛改设为“夏季达沃斯世界经济论坛暨大连国际海洋经济论坛”，邀请国内外海洋经济领域的政要、专家学者、企业家参与，不仅有助于大连海洋经济的发展，而且还可提升大连在全球海洋经济发展和全球海洋治理中的话语权，塑造大连海洋中心城市品牌。

（2）发展海洋特色的城市景观文化。在大连城市建设中，应积极突显海洋文化特色，让人们一来到大连，就处处能够感受到大连浪漫的海洋文化气息。例如，可在大连各大交通枢纽、景区、街道广泛设立具有海洋文化色彩的城市雕塑；在大连的城市街区、广场、社区多采用具有海洋文化色彩的名称；在中心城区建设具有海洋文化特色的城市地标建筑。

（3）发展海洋旅游文化。包括大力改造市内各大海滨浴场的基础设施，全面提升海滨浴场的管理和服务水平；大力发展渔家乐、渔家小镇、海岛休闲旅游等富有海洋文化色彩的旅游项目。加快大连国际邮轮码头建设，积极推进以海洋文化为特色的大连全域旅游建设。

（4）发展海洋节庆、会展文化。目前大连规模最大的旅游节庆活动就是大连国际啤酒节。但笔者认为，与青岛不同，大连并没有历史悠久、知名度高的本地啤酒品牌，因此与青岛啤酒节相比，大连国际啤酒节缺乏核心竞争力，一直不温不火。从提升海洋文化软实力视角出发，笔者建议，可将大连国际啤酒节改为大连国际海鲜节，以海鲜文化为主体，将洗海澡、吃海鲜、品美食、喝啤酒、品红酒等活动融合在一起，发展具有强烈海洋特色的大连节庆文化。大连是著名的会展城市，每年有超过100场的各种会展。以提升大连海洋文化软实力，建设大连海洋中心城市为引领，大连应积极举办一些海洋特色的会展，如大型海洋食品展。

（5）发展海洋体育文化、音乐文化。目前大连举办的一些大型体育、文化活动如大连国际马拉松赛，与其他城市的类似活动雷同，特色不鲜明。大连应以弘扬海洋文化为引领，积极创新出一些体现大连海洋文化特色的大型体育、文化活动。例如，举办辽宁滨海大道自行车拉力赛、举办以水上项目为主的海上运动项目比赛为主要内容的大连海洋体育周、举办大连国际海洋音乐会等。

（6）发展海洋餐饮文化，建设大连海鲜餐饮一条街。许多旅游城市都有展示城市餐饮文化特色的小吃一条街，如北京簋街、南京夫子庙、成都宽窄巷子等。大连目前虽然有“万街”等小吃一条街，但规模、名气都不大，特别是大连应有的海鲜餐饮文化特色不足。今后，可考虑在大连城市主要商业地带如西安路、青泥洼桥、天津街一带建一条具有相当规模的海鲜小吃一条街或海鲜广场。海鲜小吃一条街或海鲜广场应以海鲜餐饮为主，设施完善，管理规范，有一些代表大连海洋文化特色的餐饮品牌，能够保证一年四季都能营业，以带动大连秋冬季旅游业的发展。

（7）发展海军文化。大连是我国近代海军的重要发源地，是人民海军的重要基地，是新中国第一所正规海军军事学府——大连舰艇学院的所在地，也是中国首艘航母和首艘国产航母的建造基地，大连拥有丰富的海军文化底蕴。但是大连目前还没有一座展示海军历史和文化的博物馆，这是大连海洋城市文化建设的一大缺憾。笔者建议可将目前定位和功能都不太清晰的大连现代博物馆改建为大连海军博物馆，重点展示中国近代海军发展史、人民海军发展历程、世界海军军事科技发展历程以及世界海战史等内容，以普及海军文化、增强社会公众海洋意识、宣传国家海洋强国战略，同时还可进一步创新海军文化特色的旅游项目，丰富大连海洋文化的内容。

（8）发展海洋科研教育，提升大连海洋中心城市软实力建设话语权。应加大对大连海事大学、大连海洋大学等海洋特色高校的支持和投入力度，努力将大连发展成为全国乃至世界海洋科研教育“高地”，同时利用大连高校科研资源比较丰富的优势，建设一批国内一流乃至具有国际水准的海洋治理、海事法律、海洋经济、海洋文化方面的研究基地，将大连发展成为海洋中心城市软实力研究中心，提升大连在全球海洋中心城市建设领域和全球海洋治理领域的话语权。

参考文献

[1] Joseph S. Nye. Soft Power. Foreign Policy, 1990 (80): 153 - 171.

[2] Joseph S. Nye. *Soft Power: The Means to Success in World Politics* [M]. New York: Public Affairs, 2004: 25.

[3] 赵社娜、李明轩：《文化软实力的四个层面内涵及其培育》，载《理论前沿》2009 年第 23 期，第 40 ~ 41 页。

[4] 朴桂荣：《对“高国家文化软实力”问题的理性思考》，载《黑龙江教育学院学报》2008 年第 5 期，第 13 ~ 14 页。

[5] 许德金、焦晶：《何为文化软实力》，载《首都师范大学学报》2017 年第 5 期，第 75 ~ 83 页。

[6] 易小明：《文化软实力的“硬核”》，载《新湘评论》2018 年第 15 期，第 2 ~ 3 页。

[7] 郭超、宋继华：《城市经济硬发展与城市文化软实力之关系》，载《科技创

业》2017 年第 10 期，第 55 ~57 页。

［8］吴功亮、蔡悦灵：《中国十大城市群文化软实力的多维度分析》，载《统计与决策》2017 年第 17 期，第 92 ~95 页。

［9］黄潇潇：《基于创新理念下的南宁城市文化软实力提升研究》，载《中共南宁市委党校学报》2018 年第 3 期。

［10］高媛、郭祥俊、胡峰：《试论秦皇岛城市文化软实力的提升》，载《课程教育研究》2013 年第 9 期，第 6 ~7 页。

［11］敖攀琴：《如何提升海洋文化软实力》，载《人民论坛》2017 年第 5 期，第 238 ~239 页。

［12］刘迎迎、陈德春、郑聪聪、牟秀菊：《日照海洋文化与海洋文化产业现状及思考》，载《海洋信息》2017 年第 4 期，第 63 ~65 页。

［13］施立奎、夏夕美、关小艳：《关于提升青岛市文化软实力的理论思考》，载《青岛职业技术学院学报》2018 年第 3 期，第 12 ~14 页。

［14］陈润：《浙江舟山海洋文化产业发展研究》，载《农村经济与科技》2017 年第 13 期，第 175 ~177 页。

Countermeasure Research on Promoting Soft Power of Ocean Culture of Dalian Under View of Ocean Central City

Dai Jin

Abstract: Building up an ocean central city is an important strategic target for the future development of Dalian. Developing the ocean culture of Dalian and promoting soft power of Dalian ocean culture will boost the construction of ocean central city of Dalian. For coastal cities, ocean culture is an important city cultural background. and a core connotation of city culture. Based on SWOT method, the thesis analyses the external opportunities and threats and internal advantages and disadvantages on the strategy of promoting soft power of ocean culture of Dalian. Some countermeasures are also proposed on how to coming up with differentiated policy ideas, promote soft power of Dalian ocean culture actively and boost the construction of ocean central city of Dalian.

Key words: ocean central city　ocean culture　soft power

辽宁资源型城市转型发展路径选择*

汤吉军**

摘　要：党的十九大报告将区域协调发展战略首次提升为统领性的区域发展战略，正是为了解决新时代社会主要矛盾中的“不平衡不充分”的发展问题。其中提出“加大力度支持革命老区、民族地区、边疆地区、贫困地区加快发展，强化举措推进西部大开发形成新格局，深化改革加快东北等老工业基地振兴，发挥优势推动中部地区崛起，创新引领率先实现东部地区优化发展，建立更加有效的区域协调发展新机制。支持资源型地区经济转型发展”。因此，运用沉淀成本理论深入分析辽宁资源型城市转型发展的内在机理，推动辽宁经济高质量发展、从制度上更好发挥市场在资源配置中的决定性作用、努力建设科学合理的能源资源利用体系、引导生产要素跨区域合理流动等多个方面，为加快辽宁资源型城市转型发展指明了方向和基本原则。

关键词：资源型城市　转型发展　路径选择

一、引　　言

当前我国的“问题区域”主要集中在资源枯竭地区和东北等老工业基地地区。这些区域的一个共同特点，可以概括为“单一结构”区域。它是以某一类资源为基础形成的资源型产业在当地的产业结构中比重很大，当地经济的繁荣与衰退完全被这

---

* 基金项目：辽宁省兴辽英才计划项目（XLYC1802043）；辽宁省教育厅重点攻关项目（LZD201907）。

** 作者简介：汤吉军（1971～），辽宁丹东人，辽宁大学经济学院教授，经济学博士，研究方向：产业经济学。

类资源产品的价格所左右。“单一结构”地区当前面临的是产业选择和综合发展的难题。把握好产业发展的次序，“单一结构”区域才能在产业转型中步入合理路径。因此，我们立足于辽宁资源型城市的具体省情基础上，深入探讨资源型城市转型发展路径选择，运用沉淀成本理论进行比较分析，为探索出一条资源型城市转型发展道路贡献力量。东北老工业基地尤为特殊，尤其是辽宁资源型城市数量名列全国第二，仅次于云南省，更需要采取规范的经济学分析方法，从而力求寻找微观经济基础。在现有的经济学分析的基础上，结合辽宁的具体省情，我们提出沉淀成本概念用来进行理论分析。在沉淀成本分析的基础上，我们寻求辽宁资源型城市转型发展的依据，以追求沉淀成本最小化路径选择进行比较制度分析，从而寻求推动辽宁资源城市转型发展的理论依据，尤其是坚持统筹协调、分类指导，培育壮大接续替代产业，有序开发利用资源，提升城市综合服务功能，积极探索资源型城市转型发展的新路子。

二、辽宁资源型城市的现状、特点及存在的主要问题

（一）辽宁资源型城市的现状

辽宁自然资源丰富，对我国国民经济的发展做出重大贡献，但是随着资源型城市面临一系列问题，导致资源型城市转型极为艰难，也成为影响东北全面、全方位振兴的重大问题。

第一，辽宁资源型城市与自然资源二位一体，采矿业人数占比较大，产业转型缓慢。根据王青云（2003）划分资源型城市，我国共有 118 座资源型城市，东北三省 30 座，占全国的 25%，其中，辽宁 7 座，如表 1 所示。

表 1　辽宁资源型城市的地区分布

省（区）	资源型城市的数量	城市名称
辽宁省	7	抚顺、本溪、阜新、盘锦、葫芦岛、铁法、北票

资料来源：王青云：《资源型城市经济转型研究》，中国经济出版社 2003 年版。

另外，这些城市按照人口规模来划分也处于大中城市居多，这对经济转型就业等问题造成极大影响，如表 2 所示。

表2　　辽宁资源型城市规模划分

城市规模	城市数量	城市名称
特大城市	1	抚顺
大城市	6	大庆、本溪、伊春、鸡西、阜新、鹤岗
中等城市	9	盘锦、葫芦岛、双鸭山、七台河、辽源、松原、敦化、铁力、北票
小城市	3	铁法（调兵山）、珲春、和龙

资料来源：王青云：《资源型城市经济转型研究》，中国经济出版社2003年版，笔者整理所得。

同时，2013年11月，国务院颁布了《全国资源型城市可持续发展规划（2013~2020年）》（以下简称《规划》）中，全国共有各种类型的资源型城市262座，辽宁省有15个市、县（区）被列为资源型城市，涉及全省除沈阳、大连外其余12个地级市，如表3所示。

表3　　辽宁资源型城市名称

省份	地级行政区	县级市	县（自治县、林区）	市辖区（开发区、管理区）
辽宁（15）	阜新、抚顺、本溪、盘锦、鞍山、葫芦岛	北票、调兵山、凤城、大石桥	宽甸、义县	辽阳弓长岭区、南票区、杨家杖子开发区

根据其分类方式，可以看到成长型、成熟型、衰退型和再生型资源型城市划分情况，对辽宁资源型城市划分，如表4所示。

表4　　辽宁资源型城市的不同阶段划分

省份	成长型	成熟型	衰退型	再生型
辽宁（15）		本溪、调兵山、凤城、宽甸、义县	阜新、抚顺、弓长岭区、朝阳北票、葫芦岛南票区、葫芦岛杨家杖子开发区	盘锦、鞍山、葫芦岛

由此可见，辽宁资源型城市都是依靠自然资源发展起来的，资源兴，城市兴；资源衰，城市衰。因此资源型产业转型必然会涉及资源产业投资资产及其重新利用问题，很容易产生沉淀成本。

第二，辽宁资源型城市计划经济体制/市场经济体制比例大，国有垄断资源型产业大，市场化程度低。新中国成立初期，由于我国实施重工业优先发展战略，资源要素禀赋结构难以适应这种要求，从而导致与该战略相配套的体制只能是高度集中的用计划手段来配置资本的体制，这就是计划经济体制。由于资本被纳入计划配置的框架，要想使资本发挥作用，就必须保证资本所需要的劳动力、原材料等也纳入计划经济体制的框架，并把劳动力、原材料等资源同样配置到重工业生产领域。因此说，计划经济体制为了实现优先发展重工业战略目标，不仅要把资本、劳动力等生产要素以集中计划安排的手段配置到重工业领域，而且还要压低资本、劳动力等要素的价格，从而降低重工业产品的生产成本。因此，计划经济体制是一种内生的制度安排（林毅夫等，1997），是一种适合加速发展重工业的手段。因而，在辽宁形成高度集中的配置资源体系，往往追求低补偿、高积累政策，导致政府为了实施重工业优先发展，大力实行外延扩大再生产，很少关注补偿基金，很少考虑折旧基金，因而很容易导致沉淀成本很大。

第三，辽宁资源型城市重工业/轻工业比例大，产业结构不尽合理，极易受到外部市场变化的冲击。同时，产业结构不尽合理，第二产业占比较大，且新兴产业规模较小，第三产业层次较低，对第二产业的促进作用不明显。实施重工业优先发展战略，需要选择那些适宜发展重工业的地区作为这个战略的重点发展基地。由于辽宁不仅有一些工业生产基础，而且该地区拥有煤、石油等能源矿产，铁、锰等金属矿产，以及很多非金属矿产资源，适于发展重工业，因此计划经济体制也就成为辽宁重要的配置资源手段。反过来说，市场机制很少，因为市场机制与重工业优先发展战略相悖，如果使用市场机制发展重工业，会产生两个后果：一是产业结构方面的问题。重工业耗费的资本较多，如果资本价格较高，投资成本就会较大，相对而言，轻工业要比重工业较少耗费资本，而更多的是耗费劳动。如果采用市场机制配置资源，在稀缺的资本使用成本较高的情况下，轻工业就具有比较大的优势。因此，采用市场机制配置资源的手段不是发展重工业而是发展轻工业。二是经济总量问题。由于重工业的投资成本高，在技术水平和其他条件不变的情况下，重工业生产领域所获得的利润就会减少。而利润减少意味着资本积累不足，就会直接影响再投资的规模。如果投资规模小，经济总体的增长速度就会受到影响。因此采用市场机制难以做到发展重工业，难以加快经济增长速度。因此，辽宁的计划经济色彩比较浓厚，市场机制较少。与重工业优先发展战略相关，恰好辽宁有丰富的自然资源，适合发展重工业，很少发展轻工业，导致产业结构扭曲。

第四，辽宁资源型城市国有经济/非国有经济比例大，所有权结构不尽合理。辽宁成为国家重工业优先发展战略的重要基地，市场机制难以与重工业发展战略相匹配。此时，完成重工业的任务在逻辑上只能落在国有企业身上。因为私营企业追求利润最大化，必然要求对资源投入有更多的选择权和决策权，而这种源于私营企业追求目标的内在要求，同国家计划要求的集中统一安排和资源配置的目标是矛盾的。因此，为了实施优先发展战略，不仅需要计划经济体制，而且还需要在计划经济体制条件下塑造一个并非追求利润最大化的国有企业去完成这个战略目标。因此，不仅计划经济体制色彩浓厚，而且国有经济比重大，非国有经济比重小。

从2007年开始，国家对资源型城市（地区）给予财力性转移支付。辽宁获得国家财政转移支付的额度由2007年的1.43亿元，逐步增加到2017年的16.99亿元。由于盘锦市转型相对成功，2014年开始，国家停止了转移支付的支持。从2016年开始，国家对资源型城市的财力性转移支付实行"退坡"政策，即每年递减20%左右。2017年，按照计划，国家对资源型城市的财力性转移支付实行"退坡"政策，国家将"退坡"资金以对独立工矿区和采煤沉陷区转移支付的形式继续对资源枯竭地区予以支持，最终下达辽宁的资源枯竭城市转移支付资金为16.99亿元，比2016年增加2200万元。

（二）辽宁资源型城市的特点

1. 资源型产业明显

资源型产业是资源型城市产业结构中的主导产业或支柱产业，以此为核心形成了一条关联度极高的产业链，城市对资源型产业的依赖性很强。城市中，不论是城市的空间布局，还是能源动力、道路交通、邮电通信、环境卫生等基础设施的建设和住宅、学校、医院等配套设施的建设，都是以资源开发为核心的。

资源型城市与资源型产业、资源型企业存在着互为依托、兴衰与共的密切关系。资源型产业作为资源型城市的主导产业，是支撑城市经济发展的重要力量，是城市经济实力的主要体现，是城市GDP、产值、就业、财政收入的主要创造者。资源型产业的发展变化直接影响着甚至掌控着整个城市经济的运行。

2. 资源型产业具有超重性和稳态性

资源型产业大多属于重工业，并且采掘业和原材料工业比重大，加工工业比重小，大都处于产业链的前端。产品的加工程度相对较低，产品结构中初级产品占绝对优势。在产业发展的初期，一般仅为矿产开采业，随着矿山建设的大规模发展、矿业生产能力的基本形成，电力、建材、冶金、化工等高耗能产业才得到一定程度的发展。与此同时，资源型产业的产业结构一般呈稳态性，调整的弹性小。首先，因为资源型产业属于资本密集型和劳动密集型产业，需要投入的资金量和劳动量大，资源型产业建设周期长，占用资金多，所以在企业的规模结构上，大中型企业居多，小型企业较少；其次，资源型产业固定资产的专用性较强、移动性较差，资本难以从原产业中退出，这使得企业资产的变现率很低，一旦退出，容易产生大量沉淀资本，产业退出壁垒较高。

3. 资源型产业职工文化层次偏低，就业结构单一

由于历史上建设的原因，加上资源开采业对技术水平的要求不是很高，所以，资源型产业职工的文化层次普遍偏低。在人力资源方面，往往是资源型产业人才济济，而其他产业的人才则十分缺乏，科技力量不足，就业结构单一。对于资源枯竭地区的资源型产业来说，职工文化层次偏低、人才结构单一。而且，大部分都属于简单的体力劳动者，文化程度较低，学习新知识的能力较差，改行比较困难，过快的调整会造成瞬间的大批失业人群，给社会稳定造成压力，进一步导致社会再就业困难重重。

4. 资源型产业所拥有的资本专用性较强，在转型过程中容易产生很大的沉淀成本

资源型产业因其对自然资源的依赖程度较高，企业的选址、资产的投资等都会有很强的专用性。同时，由于对资源的开采与初加工涉及的专业范围很窄，人所拥有的人力资本也具有很强的专用性，同时，由于对资源的开采与初加工涉及的专业范围很窄，人所拥有的人力资本也具有很强的专用性。一旦情况发生变化（即一旦自然资源枯竭），大量的沉淀成本显现出来，产业的转型将变得非常困难。

（三）辽宁资源型城市面临的主要问题

尽管经过多年的转型发展，资源型城市均比转型前有了长足的进步，环境进一步改善，接续产业得到发展，居民生活水平有了一定的提高，但资源型城市转型发展仍面临较大的困难。具体来说：

1. 产业结构集中单一导致经济发展脆弱

第一，资源采掘业及关联原材料初加工工业为产业体系的主导产业，从而形成较为单一的产业结构，高度依赖不可再生资源。无论是从GDP还是从从业人员的比重来看，这些资源型城市的第二产业都占有绝对分量，成为资源型城市的经济支柱，作为主导产业与配套产业形成了一条紧密的产业链，城市与工矿业、采掘业构筑成“牵一发而动全身”的纽带关系。随着矿产采选业及相关产业的发展，资源型产业综合化程度进一步提高，加工程度进一步延伸，具有一定技术含量的化工、建筑、冶金、机械行业产值比重明显提高，使资源型城市的传统产业明显偏高，产业结构呈超重型，调整难度较大。

第二，资源型城市产业发展层次低，整体效益不高，产品竞争力较弱。在这些资源型城市中，劳动密集型产业居多，知识密集型产业较少，加工项目多，技术改造项目少。而这些产业大都投资规模大、建设周期长、投资回收期长。产业成长以资源为单一指向，配套产业群难以形成规模。同时，矿产品加工深度不够。资源利用程度不够，附加值低，从而导致经济效益低下。这些归根结底是由生产力水平的科技含量决

定的。长期以来，由于资源相对宽裕，辽宁资源型城市相关企业普遍缺乏危机感，容易产生依赖、惰性心理，技术进步和更新改造意识明显不足，不求降低消耗、不计成本高低，粗放式生产经营现象比较普遍。

2. 资源型国有企业历史负担沉重致使经济效益低下

辽宁国有企业经过多年改革，虽有较大改观，但是还没有形成以企业效益为核心的管理体制，国有资本不能按照市场规则正常运营，没有真正建立现代企业制度，在市场经济的大潮中，企业生产经营体制并没有完全从计划经济体制中走出来，从而使辽宁钢铁、有色、船舶、工程机械、汽车、风电、光伏等行业成为产能过剩的“重灾区”。资源性企业自身也存在冗员过多、债务堆积，再加上各种税费的支出，造成企业自身的资金很难积累起来。资源型企业的沉重负担使其难以进行资金的积累。沉重的负担束缚着这些企业按照现代企业制度进行深化改革，不利于资源型城市的合理规划与健康发展。沉重的负担导致资源型企业发展步伐缓慢，经济效益低下。

3. 物质资源和人力资源专用性较强难以转为他用

人力资本表现出很强的组织依赖性特征。在现代经济条件下，人力资本产权主体通常需要加入特定的组织，与其他人力资本产权主体或物质资本产权主体分工协作。否则，人力资本的价值增值不能实现。不仅如此，人力资本产权主体一旦进入特定的组织，该组织就会对他构成天然的退出壁垒。这主要表现为两方面：第一，人力资本与物质资本的相互依赖性。离开了物质资本，人力资本就丧失了“用武之地”，甚至可能丧失赖以谋生的“饭碗”。第二，人力资本的专用性。这种专用性来自企业中的“干中学”和“学中干”，是针对特定组织和特定工作所进行的知识和技能投资。人力资本这两方面的特点在资源型城市表现得尤为明显。工人人力资本的发挥是与自然资源和产业资源紧密相连的，其专业技能是与开采或采伐煤炭、石油和森林等产业资源对应的一些技术工种，技术含量和技术等级都比较低。当劳动力长期就职于某一行业或职业，掌握了行业或职业专用的知识技能后，相应地就会形成行业或职业专用性人力资本。转换行业或职业，会造成人力资本投资存量结构中某些内容成为沉淀成本，出现某些技能的迅速贬值。

4. 生态环境资源损耗大

资源产业是严重的环境污染和破坏型产业，特别是煤炭开采和洗选、石油开采与炼制、黑色和有色金属开采与初加工等行业，对人类生产生活，对土地、水、空气、地质环境、自然景观和生物种群影响较大，破坏性较强。致使大多数资源型城市城区和矿区的环境污染和生态失衡程度远超过一般工业性城市，生态环境形势极其严峻。因此资源型城市面临的环境保护方面的压力远比其他城市要大。

例如，在油田开采区，植被破坏严重，环境受到污染。油田开发过程中修建油田路、埋设各种管线、挖掘引水渠和排污渠、建筑油水泵站、厂矿等，占据了大面积草原，并将草原条块分割得支离破碎，裸地面积扩大。由于管、线、路的阻隔，排水不畅，形成新的坑塘和闭流区，井台周围落地原油、泥浆地、排污池、洗井废水对植被、土壤、水面造成污染。矿产资源开采和森林砍伐还破坏了自然地貌景观的美观和完整性。采矿造成大量的坑矿、沉陷区和排土场等，特别是露天采矿破坏地貌景观非常严重。在一些自然保护区、风景名胜区、森林公园、饮用水源地保护区以及铁路、公路等交通干线两侧，可看到采矿留下的痕迹，不但破坏了自然环境，还影响到一些自然景观。国家资源产权的虚置或弱化，资源使用权的缺乏约束造成一些地区资源权属纠纷频繁，资源消耗过度、规模利用率低，资源重开采、重使用而轻保护、轻管理，从而破坏了资源产业发展的良性循环和宏观经济的正常运行。

三、辽宁资源型城市转型发展的理论分析

（一）沉淀成本的形成条件

为了更清楚理解沉淀成本概念，我们将沉淀成本定义为资产在初级市场的购买价格大于其在二手市场的出售价格（或流动性或清算价格）。反之，当购买价格小于出售价格便不存在沉淀成本。那么，有哪些条件产生沉淀成本？

1. 资产专用性对沉淀成本的影响

资产本身或互补资产是企业或产业专用的，是产生沉淀成本的重要条件。专用性可能造成因果模糊、社会复杂以及路径依赖等。不仅有形资产交易发生损失，而且无形资产不可能无损失交换。其中，交易成本经济学主要代表人物、2009 年诺贝尔奖得主威廉姆森（Williamson，1985）将资产专用性划分为四类：一是设厂位置专用性。这种专用性资产要求企业的所有权要统一，这样才能使前后相继的生产阶段尽量互相靠近。因为所使用的资产无法移动，也就是说，它们的建设成本以及（或者）搬迁成本太高。因此，一旦这类资产建成投产，就要求各生产阶段互买互卖，才能有效发挥其生产能力。例如，在矿山附近建立炼钢厂，有助于减少存货和运输成本，而一旦厂址设定，就不可转作他用，即这些资产不可能流动——它们不能用于其他地方或者需要极大的成本损失。若移作他用，厂址的生产价值就会下降。二是物质资产专用性。如果资产可以移动，其专用性又取决于其物质特征，那么，把这些资产（如各种专用模具）的所有权集中在一个企业，就可以由整个企业作为统一的买方，到市场上竞价采购。如果契约难以执行，买方还可以撤回这些购买要约并另找卖主，这就避免了那种“锁定”问题。例如，有些设备和机器的设计仅适用于特定交易用途，

在其他用途中会大大降低其价值。三是人力资产专用性。任何导致专用性人力资产的重要条件——无论是“实践出真知”，还是那些导致人力资本整批流动的可怕的问题。例如，在人力资本方面具有特定目的的投资，主要来自于知识和经验的积累。当用非所学时，就会降低人力资产的价值。四是特定用途的资产，是指供给者仅仅是为了向特定客户销售一定数量的产品而进行的投资，如果供给者与客户之间关系过早结束，就会使供给者处于生产能力过剩状态。后来，威廉姆森又增加品牌资本和临时专用性。这样，因资产专用性难以转为他用，其再生产的机会成本降低而很容易产生沉淀成本，这是产生沉淀成本的最根本的客观条件。

2. 信息不完全对沉淀成本的影响

如果投资者具备信息完全，长期固定资本将不会给经济带来任何问题。这是因为投资者只能够在获得预期利润回报的前提下购买资本品，不会出现投资失败情况。然而，在给定资产出售价格不受损的情况下，交易成本的存在也会产生沉淀成本。在信息不充分的情况下，投资者只能依靠猜测决定其投资方向，很难完全预测未来的信息，这样很容易出现投资错误或失误，此时买卖之间对资产的质量信息不对称可以导致市场失灵，正如柠檬市场模型所描述的那样。信息不对称是指交易双方中有一方拥有另一方所不知道的信息。正是由于信息不对称造成的机会主义行为（欺骗的可能性），信息少的一方对私有信息的一方不信任。这时明明互利的交易却由于欺骗的可能和缺乏互信而不可能实现。因此，“柠檬”问题（Akerlof，1970）也会产生部分沉淀成本。例如，企业设备、计算机等都不是企业或产业专用性的，但是出售价格仍可以小于购买价格，尽管它是新的。此时沉淀成本可能与交易成本呈正相关关系，如信息成本和运输成本等。交易成本可以产生沉淀成本，导致资产出售价格下降。这不仅取决于交易成本的大小，而且还取决于需求和供给曲线弹性的大小。

3. 有形损耗和无形损耗对沉淀成本的影响

资产账面价值往往与折旧有关，所以，折旧率也会影响资产的沉淀成本数量，它是私有企业投资者回收固定资本的重要手段，也是以投资者的生产成本形式出现的。马克思不是从交易过程角度考虑沉淀成本，他是从生产过程和历史时间角度，即从补偿投资成本角度考虑沉淀成本的，考虑了沉淀成本产生的客观性。为此，马克思按照资本价值转移方式划分了固定资本（Fixed Capital）和流动资本（Circulating Capital），认识到我们今天被称作的沉淀成本。例如，他区分固定资本的交换价值与使用价值，剖析承诺的固定资本变成不可补偿成本的过程。同样，在时间流逝过程中，资本过度积累和资本贬值如何使固定资本价值损失而变成沉淀成本。从马克思有形磨损和无形磨损角度看，不仅仅在资产转让过程中会出现沉淀成本，更多的是市场竞争和技术进步，以及外部不确定性冲击所带来的不可避免的资产损失，是固定资产无法通过自身再出售价值得到补偿的，从而会发现，技术进步或者追求高新科技水平，不仅会带来生产效率的提高、产出增加，但是它也会带来不利的一面——沉淀成本的产生。换言之，技术进步产生无法补偿的沉淀成本，会摧毁原有资本的价值，造成资产价值损失，这是产生沉淀成本的客观现实，无法回避。只有加强耗费成本的补偿，才会使企业再生产过程顺畅起来。因此，如何保障社会产品价值实现就显得十分重要。

4. 契约承诺对沉淀成本的影响

由于资产专用性普遍存在，长期契约或口头协议也普遍存在，其中，包含显性契约和隐性契约。一方面，契约的存在可以减少资产专用性损失；另一方面，契约的存在带来刚性，很难适应意外事件的冲击，所以，契约安排的存在在遭受不利冲击的情况下也会因契约承诺的存在产生沉淀成本。例如，事前契约规定生产要素价格是11万元，事后市场价格是10万元，则对购买者产生沉淀成本。如果政府不允许出售资产或重新配置资本，购买的资本品价格是100万元，政府规定不允许买卖，则沉淀成本则为100万元，如果允许自由买卖，也会降低沉淀成本的数量，从而使机会成本重新发挥作用。

（二）沉淀成本对资源型城市转型障碍的理论分析

沉淀成本造成非自由进入和退出。为了进一步说明沉淀成本对资源型产业转型的影响，我们有必要从微观角度分析沉淀成本对企业投资的影响（汤吉军，2010）。令 I_t 是经济主体在时间 t 的物质资本投资数量，$I_t = I_t^+ + I_t^-$，该变量有助于经济主体控制增加或减少物质资本数量，如下：

$$K_t = (1-a)K_{t-1} + I_t \tag{A}$$

其中，K_t 是在时间 t 物质资本数量，a 是物质资本折旧率。当我们理解经济主体的投资行为，便可以理解其进入与退出行为。

在时间 t，经济主体的利润函数为 $\pi_t = R(K_t) - C(I_t)$，其中 $R(K_t)$ 为总收益，$C(I_t)$ 为总成本。将等式（A）放到成本函数中会产生 $\pi_t = R(K_t) - C[K_t - (1-a)K_{t-1}]$。经济主体的利润约束为：

$$\pi_t = R(K_t) - C[K_t - (1-a)K_{t-1}] \tag{B}$$

现考虑 I_t 投资行为的符号：当经济主体进行投资时，它可能为正（$I_t^+ > 0$）；当在资本市场上不投资时，它可能为零，即 $I_t = 0$；当进行负投资时，或者为负，$-(1-a)K_{t-1} < I_t^- < 0$。正如前面所述，沉淀成本很容易出现，为此，我们假设投资的边际成本总是大于负投资的边际成本。换言之，获得资本的成本总是大于废弃的价值，二者之间的差额便是沉淀成本。

当企业追求利润最大化，根据边际收益等于边际成本，其最优原则是：

$$P \times MPI = MCI \tag{C}$$

其中，P 是产出的价格，MPI 是投资品的边际价值产品，MCI 是投资品的边际成本。这是标准的新古典竞争结论。

当物质资本投资是部分沉淀时，这一决策规则对物质资本配置有什么意义？在发生沉淀成本的情况下，等式（C）依赖物质资本的边际价值产品及其自身沉淀成本产生了四种可能的投资行为，这些证明如图 1 所示。在图 1 中，物质资本投资的边际成本等于单位购买价格 $S(I_t^+ > 0)$，由 SS 曲线表示。物质资本负投资等于其打捞价格 $s(I_t^- < 0)$，由 SS 曲线表示。$S > s$ 表明有沉淀成本。在第一种情况，物质资本的边际价值产品较高，与投资的边际成本曲线 SS 相交于正投资区域，这表明经济主体处于投资行为。在第二种情况下，物质资本的边际价值产品处于中间阶段 Ss，这表明他既不正投资也不负投资。在这个资产固定区域，经济主体不易受外部经济环境的影响，是“不作为”或观望的重要空间。在第三种情况下，物质资本的边际价值产品较小 ss，经济主体进行部分负投资。第四种情况，当物质资本的边际价值产品极小时，导致总投资完全退出。

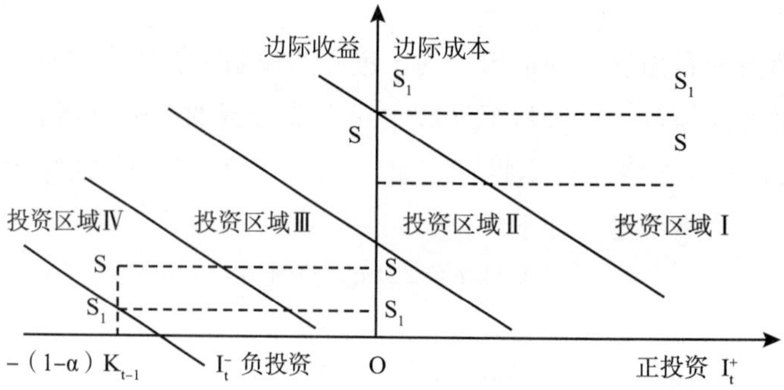

图 1　沉淀成本与资源型城市转型障碍

在图 1 中，横轴表示投资，右侧为正投资，左侧为负投资。纵轴表示投资或负投资的边际收益和边际成本。如果 $S = s$，即 SS 曲线与 ss 曲线重合，表明没有沉淀成本，投资者完全受外界条件的变化而瞬时变化。一旦亏损，经济主体会立刻进行负投资。反之，一旦有利可图，经济主体会立刻进行正投资，这是标准的新古典竞争模型。然而，如果 $S > s$，至少部分沉淀，一旦投资失败，有可能会等待退出，这偏离了标准的新古典结论。具体分析如下：

（1）沉淀成本将使经济主体没有任何激励参与资本市场。例如，在投资行为Ⅱ，此时往往出现观望，等待时机，没有任何投资发生。

（2）沉淀成本可以产生不可逆行为和滞后效应。滞后效应以不可逆效应为特征。例如，考虑经济主体在时间t处于投资行为Ⅱ，在时间t+1处于投资Ⅰ，在时间t+2需返回投资Ⅱ，这个经济主体在时间t+1进行投资，在时间t+2不会进行负投资，尽管他事先知道在时间t+1需要返回时间t+2。这是因沉淀成本带来的调整障碍。

（3）在有沉淀成本的情况下，信息不完全对投资有不利影响。在有沉淀成本的情况下，这意味着在后来的负投资时需要承担沉淀成本：沉淀成本越大，面对的可能性越大，投资的负激励越强。同时这也意味着信息不完全和沉淀成本对投资有负面影响，影响企业进入。

（4）与第三种含义相关的是，进入要求进行投资，沉淀成本和信息不完全相互作用对进入（投资）有负面影响。换言之，沉淀成本和信息不完全构成了企业的进入壁垒。如果信息完全，不会发生沉淀成本，不会阻碍进入。只有在信息不完全的情况下，投资者害怕投资成本无法得到补偿，从而造成投资不足。

（5）沉淀成本对退出有阻碍。在有沉淀成本的情况下，该投资者将面对后来再投资或重新进入的沉淀成本：沉淀成本越大，面对的沉淀成本可能性越大，负投资（退出）的激励越小。这表明信息不完全和沉淀成本减少企业负投资和退出的激励，构成退出壁垒。因而，在这种情况下，很容易出现投资过度。

由此可见，在没有沉淀成本的情况下，只要依靠产品价格信号，便能够有效地配置生产资源，资源型城市依靠价格信号就可以实现转型发展。然而，由于沉淀成本普遍存在，减少各类资源的流动性，因而它构成企业投资激励（进入）和负投资（退出）的基本障碍，很容易造成产业锁定效应或不作为。在这种情况下，就需要政府采取必要的措施加快转型发展。

四、加快辽宁资源型城市转型发展的制度安排

由于要素市场不完全，很容易出现沉淀成本，资源最优配置受阻，影响经济效率和福利水平。因此，要在城市分类的基础上依据沉淀成本最小化原则进行转型发展。因此，为了降低或补偿沉淀成本，我们需要采取相应的制度安排。

（一）完善生产要素市场尽量减少沉淀成本

不仅需要完善土地、资本和劳动是生产活动所需要的三种基本要素，而且还要完善金融信贷市场。由于大多数自然资源具有稀缺性和不可再生性，因此，在资源的开采和使用过程中，必须在自然资源市场交易价格的基础上加付一定额度的自然资源补偿费用，以对传给下一代的资源数量和质量加以补偿和保证。在市场经济条件下，让

市场供求自行决定自然资源的价格，可以促进资源利用效率的提高。但只有市场机制还远远不够，市场价格不能反映资源的使用者成本和外部成本。因此，为了实现自然资源开采、使用的代际公平和合理补偿，必须调整市场价格以反映社会成本，兼顾公平，这需要政府加以干预。合理的资源定价主体应当是市场与政府相结合，以市场形成价格为基础，辅之以必要的政府干预。在保证自然资源效用最大化目标实现的同时，也要坚持资源的可持续采用和社会的可持续发展。

（二）深化国有企业改革积极发展混合所有制经济

在区域发展上，中国存在不平衡问题。这种“不平衡”的复杂性在于，东西问题主要是生产力水平的差异问题，南北问题则主要是体制的差异问题。有国资投入的混合所有制企业主要集中在我国东部和南方地区，西部特别是东北地区比较滞后。对区域发展方略：对西部用的是“强化举措”，对中部用的是“发挥优势”，对东部用的是“创新引领”，对东北用的是“深化改革”。辽宁国有经济比重大，因此更需要积极深化改革，国有资本、集体资本、非公有资本等交叉持股、相互融合的混合所有制经济，是基本经济制度的重要实现形式，有利于国有资本放大功能、保值增值、提高竞争力，有利于各种所有制资本取长补短、相互促进、共同发展。允许更多国有经济和其他所有制经济发展成为混合所有制经济。国有资本投资项目允许非国有资本参股。允许混合所有制经济实行企业员工持股，形成资本所有者和劳动者利益共同体。同时，允许资源型城市大中型企业进行技术改造或者技术创新，或以部分产权换资金、换技术的方式向外商开放，或以租赁方式向外商提供闲置厂房、设备和土地等生产要素，有条件情况下实施企业重组，目的在于降低经济性沉淀成本的同时，也能够创造一部分收益补偿社会性沉淀成本。对外商投资单一资源型城市地区的现有企业，国家应在各方面比照经济特区的优惠政策予以扶持。

（三）激发企业家创新精神做大做强民营企业

辽宁市场化程度不高，普遍存在着“开门招商、关门打狗”的现象，营商环境欠佳，民营经济发展动力不足。由于国有企业的“挤出效应”，民营经济发展空间狭窄。在这种情况下，如何激发企业家创新精神，大力发展民营经济就显得十分重要。熊彼特认为创新是建立一种生产函数，也就是说，通过采用新的生产体系或新的结构或机制把一种从来没有用过的生产要素组合在一起。创新是企业的灵魂，所以企业家自主创新是加速资源型产业转型的关键所在。实际上，市场是检验企业家才能最好的试金石，企业家的聘用及考核应该符合市场化原则。首先，企业家的聘用和选拔应该本着公平、公正的原则，针对标准化市场上的企业家人才实行竞聘上岗。需要强调的是，除了综合能力以外，企业家的经营业绩也应该作为聘用选拔的重要标准。其次，企业家的绩效考核也必须科学、合理。企业家的经营成败关系到企业的生死存亡，必须通过科学合理的绩效考核，给予适当的奖励或惩罚。其中，薪酬激励，是对企业家最直接也是最有效的一种激励方式。企业家是一种高素质的稀缺性人才，他们所从事的经营活动具有高度的复杂性和风险性，其报酬自然也应该相对较高。因此，要培育企业家自主创新精神，就必须降低自主创新壁垒，减少企业家自主创新成本。目前，我国政府人为地设置了许多壁垒，市场准入规则对企业的进入规定了诸多限制，门槛过高，企业家自主创新成本太大，不利于资源型城市转型发展。

（四）财政金融政策支持资源型产业转型

金融是市场经济配置的主要形式，金融支持可以通过关键性资源配置引导产业结构变迁。强调市场化原则，并不意味着没有必要研究和制定具体的金融支持政策，但这些政策不能直接干预甚至取代市场化金融的资源配置机制。资源型产业转型，本质上是对产业锁定的突破。产业锁定直接导致了金融锁定，即资源型产业的金融资源向主导产业高度集中，导致金融业与主导产业一荣俱荣、一损俱损的紧密关联。金融支持资源型产业转型必须突破因产业锁定而形成的金融锁定，实现金融优先转型。这就需要做出一定的反金融锁定安排，可以考虑根据原有主导产业的发展情况和新兴接续产业的发展目标，以城市为单位制定存量信贷资金投向调整和替代规划，用于指导当地银行机构制定相应的退出和进入计划。同时，建立促进增量信贷资金投向转移的激励机制，对增量资金用于支持接续产业发展的银行机构实行激励政策等，形成多元化产业格局，“不要把所有的鸡蛋只装在一个篮子里”。

（五）完善社会保障体系加快产业转型升级

资源型城市再就业压力大，冗员多，历史包袱沉重，所以需要建立社会保障以补偿劳动力自身经济转型储蓄资本和失业保险不足困境，引导生产过程中尽可能降低负外部性，促使人力资源充分流动，从而加快产业转型升级和非资源型产业，促进产业发展多元化，抵御不确定性冲击。就煤矿而言，设立煤矿井下作业人员最低收入保障线。完善基本养老保险、基本医疗保险、失业保险、最低生活保障、井下作业人员伤亡保险制度。尽快形成独立于企业之外、资金来源多元化、保障制度规范化、管理服务社会化的高效运转的保障体系。

一是扩大社会保障覆盖面。依照社会保障大数法则的理论，扩大社会保障覆盖面，及时把外商投资企业、新兴产业、民营科技企业这些职工年龄较轻、经济效益较好的企业全面纳入缴费范围，扩大费基。二是开辟新的筹资渠道。我国社保基金投资渠道狭窄，主要是选择银行存款和购买国债两种投资渠道，而社保基金刚刚进入资本市场，因而需要进一步拓宽融资渠道。三是依托税务部门征缴，加强征缴管理。地税机关拥有一支经验丰富、人数充足、网点密布的征收队伍，可以达到降低征收成本，提高收缴率的目的，还可以为今后社会保障费向社会保障税的过渡打下良好基础。四是全面建立，突出重点。要全面建立包括社会保险、社会救济、社会福利、优抚安置和社会互助的社会保障体系，同时对于养老保险、最低生活保障、经济补偿金等对经济和社会影响重大、需迫切解决的问题应重点突破。

（六）“一带一路”倡议下充分利用国内外两个市场

瞄准国家实施“一带一路”倡议，推进重点企业实施国际产能和装备制造合作，实施“走出去”战略，积极拓展海外市场，引导外商投向高端制造业、高新技术产业、现代服务业、现代农业和节能环保产业等领域，促进产业转型升级。同时，加强国内市场合作。对标先进地区，推进与江苏盐城市对口合作，建立产业协作合作机制，重点围绕两市在新型节能环保建材产业、节能环保装备制造配套产业和危废处理产业等方面的合作对接。积极融入京津冀协同发展和新一轮东北振兴战略，积极参与沈阳与北京对口合作，加快推进承接国内外液压装备制造、电子元器件、农产品精深加工等重点发展和引进的产业向重点产业园区转移。

在“一带一路”倡议下，加强辽宁与周边国家和地区基础设施互联互通，充分利用“两个资源、两个市场”的有利条件，提高资源保障能力，加快打造跨境产业园区和跨境产业链，形成各具特色的产业集群，建成多元化的现代产业基地，鼓励阜矿、沈煤、铁煤、抚煤、南票煤电等开发国外、省外煤炭资源。以基础设施建设互联互通为抓手，加大外资引进力度，加强对蒙、对俄合作，依托“中蒙俄经济走廊”新通道。在加快推进产业合作的同时，利用高新开发区等载体的创新资源和高新技术优势对传统产业进行升级改造，探索产业对外合作的新途径和新模式。

（七）中央和地方政府扮演着不可替代的角色

资源型城市不仅仅是城市本身问题，而且还是一个区域发展问题，因此，需要建立省级转型发展示范产业园区或新兴产业集群发展示范区，加大新兴产业引进力度，实行“飞地经济”政策。其中，政府应该有所作为：（1）推动政府进入“正确的”经济领域；（2）在“正确的”经济领域形成或强化比较优势；（3）基础设施建设；（4）设立市场标准；（5）激励企业家精神；（6）拉动需求；（7）认识到法律制度在强化经济结构方面的重要性；（8）充当最后资本家和最后企业家的角色，并对这类投资者给予财政、税收、金融各方面的优惠等，降低企业进入的沉淀成本，为发展接续产业和新兴产业创造条件。

总之，辽宁资源型城市沉淀成本等十分显著。一方面，我们应该逐步完善市场制度，营造良好的投资环境化解和降低沉淀成本；另一方面，在沉淀成本很重要，并且无法依靠市场制度化解的情况下，需要通过非市场制度化解。例如，企业可以签订长期契约或垂直一体化，混合所有制改革，以及企业重组和合资等，特别是加强东北亚合作，都可以提高经济效率和资本利用率。同时，需要政府这只“看得见的手”将经济政策着眼于补偿沉淀成本，如加速折旧，特别是建立社会保障体系、产业补偿基金机构等，有助于辽宁资源型城市转型发展，应在实践中探索出一条适合自身特点、低沉淀成本、高效益的转型发展之路，少花钱、多办事，做到事半功倍。同时，也要提供适当的资金支持，重点在于减少或补偿沉淀成本，加快辽宁资源型城市转型发展。

参考文献

[1] 王青云：《资源型城市经济转型研究》，中国经济出版社2003年版。

[2] 林毅夫、蔡昉、李周：《充分信息与国有企业改革》，上海三联书店、上海人民出版社1997年版，第16~22页。

[3] Williamson, O. E. *The Economic Institutions of Capitalism* [M]. New York: The Free Press, 1985: 83-89.

[4] Akerlof, G. The Market for Lemons: Quality Uncertainty and the Market Mechanism [J]. *Quarterly Journal of Economics*, 1970 (89): 488-500.

[5] 汤吉军：《预期沉淀成本理论及其现实意义》，载《学术月刊》2010年第9期，第81~88页。

Path Selection for the Transitional Developemt in the Resouce-based Cities in Liaoning Province

Tang Jijun

Abstract: Regional economic Strategy plays an important role in the resource-based cities, in particularly in the new era. Deepening the reform of the Old Northeast Industrial base and promote the comparative advantage will become viable policy, in which the resource-based cities are surported to transitional development. Because of Liaoning Province has many resopurce-based cities, we will further examine the conditions and existing problems. By menas of sunkcosts we will discuss the logic and policy solutions to path selection for the resource-based cities. Some rmeasures are also taken on how to deal with differentiated policy ideas, speed up the resource-based cities transitional development for the guidelines.

Key words: resource-based city transitional development path selection

后疫情时代的辽宁乡村经济振兴*

刘研华**

摘　要：2020 年初开始，在全世界范围内大范围传播的新冠病毒疫情，使乡村经济也受到了严重影响。本文首先对新冠疫情在国内外的发展历程和现状进行了简单介绍，然后利用国民经济学中的国民生产总值理论，从弄明可支配收入和净出口两个方面分析了新冠疫情对辽宁乡村经济带来的影响，最后结合辽宁乡村经济的实际情况，提出振兴乡村经济的对策建议。

关键词：后疫情时代　辽宁　乡村经济　振兴

一、引　　言

2020 年初开始，新冠病毒在全世界范围内大范围传播，使全球经济进入了衰退期。很多行业受到了波及，乡村经济也受到了影响。如何加快乡村经济的调整恢复，提高农民的生活和收入水平，在疫情后期迅速、高效地推动乡村经济回归正轨，是我们需要思考的问题。本文以辽宁省的乡村经济为对象，研究乡村经济的振兴，以期为辽宁乡村经济的振兴找到突破口，也为全国的乡村经济振兴提供思路。

二、新冠疫情的发展历程及现状

从官方报告的数据来看，新冠病毒首先在中国武汉出现，并迅速在全国蔓延。在国家迅速有效地采取措施后，新冠疫情在我国国内疫情得到了有效控制，但是国外疫情还在持续。

---

* 基金项目：本文系沈阳市社会科学立项课题“基于新发展理念的沈阳现代服务业提质增效对策研究”（项目编号：SYSK2020－12－03）的研究成果。

** 作者简介：刘研华（1978～），辽宁大石桥人，沈阳化工大学经济与管理学院，讲师，经济学博士，研究方向：规制经济学。

（一）国内疫情的发展历程及现状

2020 年 1 月下旬开始，新冠病毒以武汉为中心，在国内爆发，2 月中上旬达到高峰。在国家迅速采取有效措施后，从 2 月下旬开始出现拐点，到 4 月份得到了有效控制，如图 1 所示。

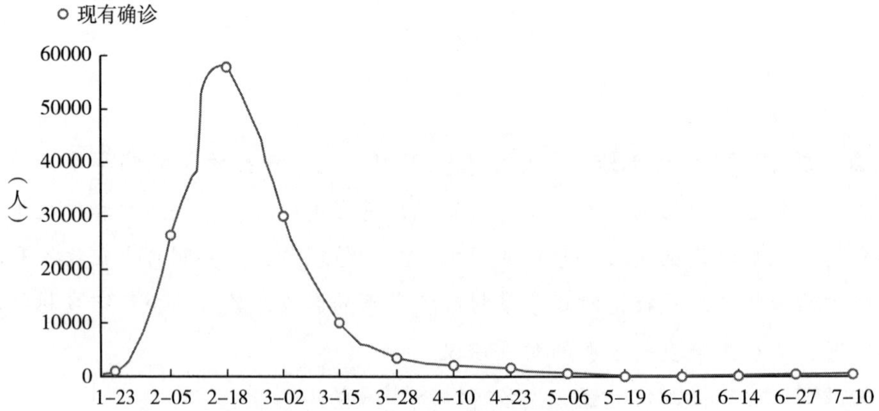

图 1　2020 年 7 月 12 日全国确诊趋势

资料来源：https：//voice. baidu. com/act/newpneumonia/newpneumonia/?from = osari_pc_3。

虽然北京地区期间本土病例出现了反弹，但是很快就被有效措施控制。目前，国内每日新增病例主要来自国外输入。截至 2020 年 7 月 12 日，全国累计确诊病例 85516 人，其中累计治愈 80303 人。现有确诊 565 人，无症状感染者 111 人，境外输入 1964 人。不论是本土病例还是境外输入病例都大幅度下降，如图 2 所示。

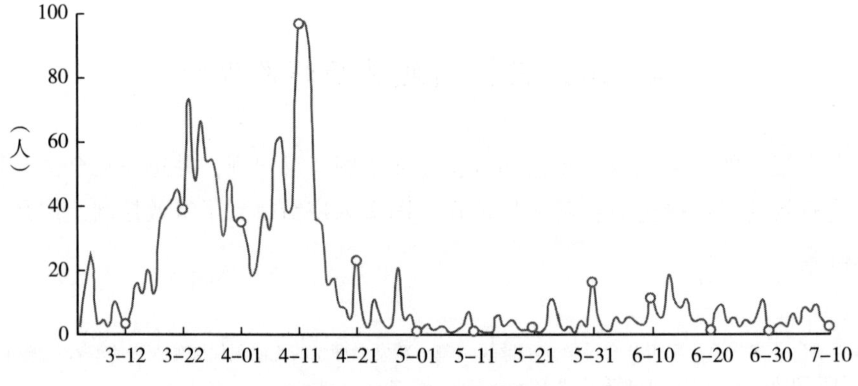

图 2　境外输入新增趋势

资料来源：https：//voice. baidu. com/act/newpneumonia/newpneumonia/?from = osari_pc_3。

（二）国外疫情的发展历程及现状

国外疫情主要是3月份以后发展蔓延的，最初是日本和韩国，随后伊朗和意大利爆发，继而美国、欧洲以及伊朗疫情最为严重。目前，俄罗斯、美国和巴西三个国家累计病例最多，24小时新增病例全球前3名的国家是巴西、印度和美国（见图3和图4）。

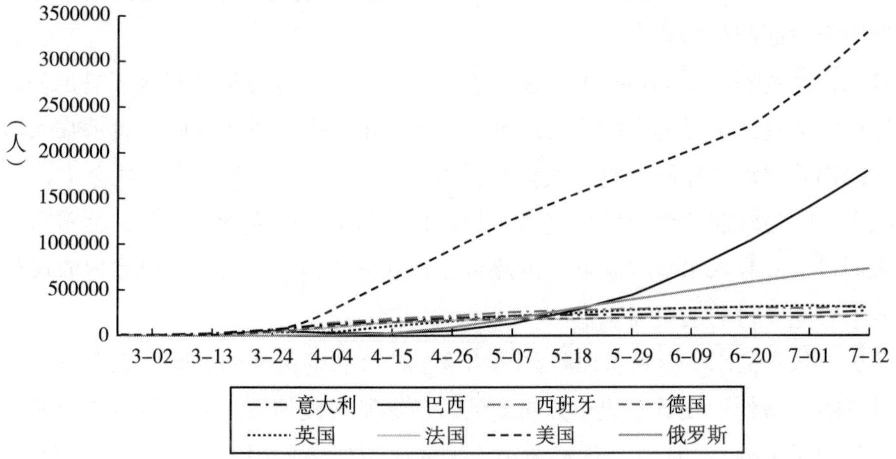

图3　海外多国病例累计趋势

资料来源：https：//voice. baidu. com/act/newpneumonia/newpneumonia/？from = osari_pc_3。

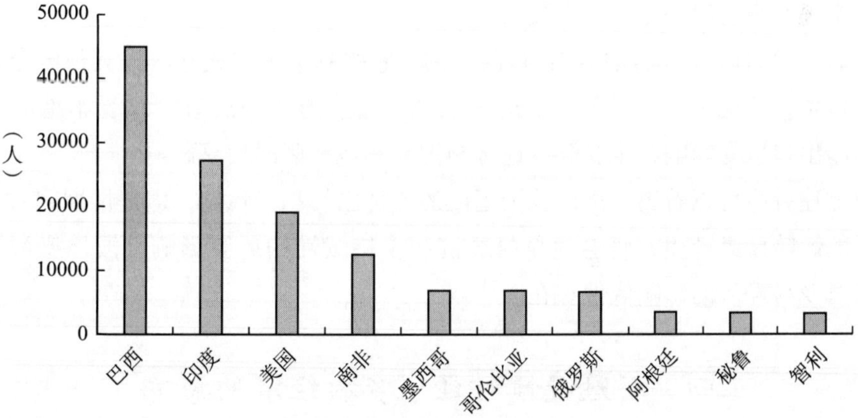

图4　24小时新增确诊国家TOP10

资料来源：https：//voice. baidu. com/act/newpneumonia/newpneumonia/？from = osari_pc_3。

三、新冠疫情对乡村经济的影响机制

一个社会（国家或地区）的经济状况取决于四个方面：消费需求、投资需求、政府购买和净出口。即：

$$Y = C + I + G + NX$$

式中，Y代表这个社会的总产出或总收入水平，C代表这个社会的消费需求，I代表投资需求，G代表政府购买，NX代表净出口。因此，新冠疫情对乡村经济可以从这四个方面产生影响。

首先，消费需求$C = \alpha + \beta Y_d$。α代表自发消费，这部分消费是为了满足基本生活需要进行的消费，不受可支配收入水平的限制。β为边际消费倾向，表示收入增加后所带来的消费增加的比例，它与人们的消费习惯有关。Y_d表示这个社会中人们的可支配收入，它与政府的税收反向变动，与转移支付成同向变动。可见，消费需求主要受到人们可支配收入水平的影响。由此可见，新冠疫情主要通过影响乡村农民的可支配收入来影响乡村的消费需求。

其次，投资需求I受到预期收益率和这个社会利率水平的影响，在利率水平不变时，投资需求与预期收益率成正方向变动。新冠肺炎疫情发生后，国内经济乃至全球经济都受到了影响，“衰退”已经成为人们对全球经济的预期，投资的预期收益率也必然受到影响。

再次，政府购买G由政府根据实际情况自主决定。政府可能会根据疫情发生后的乡村实际经济情况决定这部分投入。

最后，净出口NX是出口与进口的差额，它受到本国家或地区与其他国家或地区的进出口贸易情况决定。对于一个地区来说，这里的“净出口”既受本地区与其他国家的净出口贸易影响，也受到本地区与国内其他地区的贸易影响。

由上述分析可以看出，虽然我国国内的疫情已经趋于稳定，但疫情期间对人们收入水平的影响已经产生，将会对乡村经济产生持续性的后续影响。国外疫情还在继续，其对乡村经济的影响依然存在。

四、新冠疫情对辽宁乡村经济的影响

在消费、投资、政府购买和净出口四个部分中，疫情对辽宁乡村经济产生影响的主要途径是消费需求和“净出口”，这里的“净出口”包括辽宁乡村与非乡村区域、辽宁省外区域以及国外区域的交易情况，本文统称为域外交易。

（一）新冠疫情对人们可支配收入的影响

辽宁省乡村人口的可支配收入主要由工资性收入、家庭经营收入、财产性净收入和转移性净收入构成。其中，占比相对较高的是工资性收入、农业收入、牧业收入和转移性净收入，如表1所示。农民工的从业地区乡内、乡外（县内乡外、省内县外、省外甚至国外）各半，从事的行业主要集中在制造业（20%～30%）、建筑业（10%～20%）、批发和零售业（10%～20%）、居民服务和其他服务业（10%～15%）、交通运输、仓储和邮政业（10%左右）以及住宿和餐饮业（5%～10%），如表1所示。

表1　　辽宁省农村常住居民人均可支配收入构成　　单位：%

人均可支配收入	2010年	2011年	2012年	2013年	2014年	2015年	2016年	2017年	2018年
工资性收入	38.4	38.3	38.7	40.0	39.0	39.2	39.4	39.4	38.5
家庭经营净收入	50.5	51.5	51.0	49.0	46.9	46.2	43.8	42.3	42.7
1. 农业	31.7	32.6	34.3	32.4	27.0	26.3	23.6	21.5	21.4
2. 林业	0.3	0.3	0.3	0.6	1.4	1.2	1.1	1.3	1.0
3. 牧业	9.6	10.0	7.6	7.2	7.1	7.4	8.1	8.4	8.3
4. 渔业	0.8	0.2	0.2	0.6	0.8	0.7	0.8	0.8	0.9
财产性净收入	3.3	3.0	2.6	2.7	2.1	1.9	2.0	2.2	2.3
转移性净收入	7.8	7.2	7.7	8.3	12.0	12.6	14.9	16.1	16.5

资料来源：2019年辽宁省统计年鉴。

1. 新冠疫情使农民的工资性收入和转移性净收入减少

按照惯例，春节过后便是农民工的“返工潮”，外出打工的农民工都在春节过后外出。新冠疫情发生以来，政府以人民生命安全为第一位，果断采取措施，实行各市县区隔离、乡镇隔离、村村隔离，停工停学、居家隔离，严格限制地区间人员流动，对地区间人员流动的严格管控，有效地阻断了新冠肺炎疫情的蔓延和传播渠道。但是，同时也阻断了农民工外出务工的道路。解封后，由于农民工工作的主要行业受疫情影响严重，推迟复产复工，近半数的农民工无法同往年一样复岗或工作。当然，从外地带回或寄回的转移性净收入也大幅下降。

2. 新冠疫情使农民的农业收入和牧业收入减少

一方面，由于道路的封堵，使农产品的运输受到了很大的影响。新鲜果蔬、肉蛋禽类，都因交通阻断而运输不出去，质量下降和腐烂，造成了生产者的直接损失及全年减收。辽宁省农业科学院农村科技特派团在疫情最严重时期赴各区县的调查显示，受影响最严重的是设施农业，如花卉、果蔬以及菌类的种植户收益。辽中区、苏家屯区、文圣区、台安县的草莓，普兰店区的大樱桃、草莓，义县、本溪市溪湖区设施果蔬、北镇市设施葡萄、阜蒙县、彰武地区的设施蔬菜价格都下降明显，且出现了“隐形滞销”现象；沈北新区、岫岩县、清原县的食用菌、康平县商品薯也受到严重影响；辽阳、沈北新区花卉种苗生产、蛹虫草春季生产停滞，直接经济损失达到每户3万~5万元。昌图县豁眼鹅产业因饲料价格上涨，鹅蛋销售缓慢导致价格下降而利润大幅降低。虽然辽宁省政府采取了疫情期间温室蔬菜产销对接等措施，但是由于餐饮、旅游等需求大户的关闭，只能部分解决问题。彰武县草原生态种养产业、宽甸县板栗产业、北票果树产业受疫情影响与设施农业相比相对较轻，但是由于不能及时进行修剪等前期准备，对产品的产量及品质都总成影响。另一方面，法库县、开原市、西丰县、苏家屯区农产品加工企业因受到了经营成本上升的影响导致经营利润下降，农产品加工业工业增加值1~3月比上年同期下降了8.8个百分点。虽然岫岩县、凤城市柞蚕产业，金州区、老边区、兴城市、东港市海水养殖产业，受疫情影响很小，但这部分收入仅占农村居民个人可支配收入的比例太低，无法弥补前述损失。

虽然后期政府已经采取措施尽量减少影响，但农民的收入还是因为主要收入来源受到影响而受到了损害，并将在很长一段时期内对乡村经济产生影响。

（二）新冠疫情对辽宁农产品域外交易的影响

1月末至3月初，我国国内疫情最严重时期，封村封路，导致国内贸易基本停滞。3月以后，虽然我国疫情有所缓解，但国际疫情又迅速扩散。受疫情全球扩散的影响，国际农产品贸易市场低迷，包括辽宁省在内的农产品贸易遭受了巨大损失。

由表2可以看出，2020年1~4月，除香菇和苹果汁外，各种农副产品的出口与去年同期相比都存在不同程度的下降。尤其是2月，我国疫情最严重的阶段，大部分农副产品不论在数量上还是在金额上与2019年同期相比都有很大程度的下降。值得注意的是，花卉产品虽然2月在数量上比2019年同期上升了152.23，但金额下降了-16.57，说明价格较2019年同期下降了很多，其他月份则无论数量还是金额也都处于下降趋势。部分产品，如食用菌罐头，虽然3月比2019年同期上升了60%左右，但是4月却基本持平，说明3月的上升有可能是由2月的合同推迟交货带来的。总体来看，辽宁省农副产品出口在2020年1~4月处于下降趋势。

表 2　辽宁省 2020 年 1～4 月重点农副产品同比变化情况　单位：%

商品名称		1 月	2 月	3 月	4 月
大米	数量同比	-70.06	67.17	120.52	-18.38
	金额同比	-36.57	69.31	91.09	-15.39
蛋品	数量同比	-28.4	-20.61	-7.54	35.89
	金额同比	-26.09	-23.31	-9.27	33.48
花卉	数量同比	-30.88	152.23	-70.25	-93.68
	金额同比	-56.43	-16.57	-32.94	-64.52
花生仁果	数量同比	36.17	-58.6	-11.01	-24.01
	金额同比	48.65	-54.32	14.05	-3.89
梨	数量同比	247.91	-16.18	83.62	—
	金额同比	176.81	-47.17	46.27	—
植物油	数量同比	7.05	-59.21	-14.04	-25.46
	金额同比	10.32	-58.33	-14.99	-25.73
大蒜	数量同比	-55.73	-11.56	-74.3	-89
	金额同比	-32.24	74.85	-47.4	-73.47
鸡肉及制品	数量同比	-14.18	-3.34	-10.96	-8.1
	金额同比	-17.34	-9.3	-7.63	-9.96
香菇	数量同比	-100	455.95	169.66	—
	金额同比	-100	753.87	151.41	—
苹果	数量同比	13.64	-33.66	-30.2	-91.44
	金额同比	43.06	-3.21	14.93	-85
食糖	数量同比	46.56	-35.47	-71.54	-47.9
	金额同比	28.47	-45.98	-73.09	-46.19
食用菌罐头	数量同比	20.87	-61.69	65.85	2.65
	金额同比	17.53	-50.29	59.74	-4.51
苹果汁	数量同比	252.21	238.7	200.89	398.52
	金额同比	189.73	163.91	147.97	315.69
虾制品	数量同比	35.59	-30.82	53.63	45.97
	金额同比	40.07	-11.96	47.37	-50.69

资料来源：商务部数据中心。

五、后疫情时代辽宁乡村经济的振兴路径

振兴乡村经济，可以从促进消费、投资、政府购买和域外交易四个方向突破。本文不对政府的购买性和转移性支付等财政资金支持政策进行叙述，主要探讨如何拉动消费、促进投资和域外交易。

（一）抓住机遇促进消费和投资

辽宁乡村经济在受到疫情波动的同时，也萌生了新的商业形式和新的商业机会，如“第一书记”直播带货等线上交易更加近距离的与农户接触。我们可以利用这些新的机遇，来寻找新的投资领域和方向、提高农民收入、振兴辽宁乡村经济的突破点。

1. 发展与农产品电子商务相关的产业

封闭隔离措施的实施，利用电商平台进行农副产品及农资等的交易成为主流，使互联网平台进入急速上升的发展期，让更多市民也成为网络购物的粉丝，今后很多农业经营活动在线上进行的概率将大大增加。可以考虑发展围绕电商平台交易的相关产业，如物流、农产品加工业及农产品配套的包装加工产业。目前，辽宁乡村的物流基本就是一些代收点收发快递，大型的物流公司根本就不存在，只能就近到市内去发大宗货物。随着电商平台农产品交易的深入，专业的快递公司及物流公司将是一个很好的发展方向。“农头工尾”，推动农产品加工业发展是带动农业增效、农民增收的好途径。除了继续推动农产品加工业发展、建设农产品加工集聚区、通过推进农村产业融合发展来培育优势特色产业外，可以考虑配套的包装加工业等关联产业。原来的农产品交易基本是批发商到现场收货，没有配套的包装。线上交易对农产品的包装要求更高，因此配套的包装加工业也将具有很好的前景。这些产业的发展，不仅可以使线上交易更加便捷，增加投资需求，同时也能吸纳更多的本地就业。

2. 开展主题乡村游

主题乡村游，不是一个新的字眼，很多地方已经结合本地区的特色产品和资源优势开展了主题旅游，如采摘园等。这里，主要结合疫情期间的特殊产物提出一个新的主题——“吃苦训练营”。因为疫情，学生们不能按时返校，基本都是在家上网课，停课不停学。但是每个孩子的自律能力不同，有些自律性相对差一些的孩子，在近半年的在家自学过程中，对手机、Pad 等电子产品产生了迷恋，严重影响了学习，很多家长对此束手无策。针对这种情况，可以开展以“吃苦训练营”为主题的乡村游，将具有很大的市场。“吃苦训练营”让习惯了优越生活条件的城市学生深入农村，体验生活的艰

辛，从而产生向上的积极态度。如果打开了市场，形成了规模，积攒了经验，可以长期考虑办下去，吸引更多的城市学生来体验生活，从而振兴本地区的经济。

（二）“走出去，引进来”促进农副产品域外交易

1. “走出去”提高农副产品的销售量

辽宁省很多地方有自己的特色农副产品，甚至有些已经形成了规模。可以考虑利用这些已有的资源优势，打造辽宁品牌，提高农副产品的销售量。如辽宁蛹虫草产业，占据我国半壁江山。蛹虫草产业是一项集经济效益、生态效益和社会效益于一体的农村经济发展项目，符合人们消费增长和农业可持续发展的需要，同时符合国家产业政策，是带动农民持续增收致富的有效途径，在加速乡村振兴，推动区域经济社会发展方面发挥重要作用。黑山县的花生产业，已经具有完备的销售市场和加工产业链条。北镇是辽宁鲜食葡萄的贮藏大县。朝阳的杂粮也已小有名气。这些地区可以将这些产品继续做大做强，形成品牌，提高知名度。再利用各种渠道，如农产品销售网，加大对外宣传，同时结合电商村建设，让更多的人知道，从而扩大销售量。

2. “引进来”提升农副产品的“内涵”

除了扩大农副产品的销售量，还要考虑提高农副产品的“内涵”，如生态农业、科技兴农等。随着人们生活水平的普遍提高，人们对生活质量的追求也日益提高，包括健康、营养饮食。生态农业通过选取优良品种、少打或不打农药化肥而受到越来越多人的青睐，这就意味着生态农业将会有很大的市场前景。在此基础上，转变经营管理方式，在“造血”功能上下功夫，把生态农业产业稳定住，实现循环发展，滚动式发展，持之以恒，久久为功。此外，搭建农技推广网，为农业、农村、农民提供科技服务。强化培训，帮助农民提升就业技能。依托高科技和高素质农民培育计划，对返乡留乡的农民工开展特色种养、农产品加工、电子商务等技术技能培训。在提升农民工转岗就业能力的同时，增加农副产品的“内涵”，从而在有限的土地供应基础上，提高农副产品的价格，增加农民的收入，促进乡村经济的振兴。

参考文献

［1］曼昆：《经济学原理》（第七版），北京大学出版社2015年版，第41~67页。

［2］张奇：《新冠肺炎疫情下农民工就业的出路》，载《学习月刊》2020年第4期，第6~9页。

Rural Economic Revitalization in Liaoning in the Post-epidemic Era

Liu Yanhua

Abstract: Since the beginning of 2020, the novel Coronavirus epidemic, which has been widely spread around the world, has seriously affected the rural economy. This paper simply introduces the outbreak and the development course of the novel coronavirus, and then using the theory of national economics in the gross national product, analyzes the effects of the novel coronavirus to Liaoning rural economy from two aspects of disposable income and net exports, finally combined with the actual situation of Liaoning rural economy, puts forward countermeasures and Suggestions to revitalize the rural economy.

Key words: the post-epidemic era　Liaoning province　rural economy　revitalization

辽宁省基本公共服务均等化研究*

刘　蕾　李春平**

摘　要： 党的十九大以来，我国进入中国特色社会主义新时代，同时也进入了全面建成小康社会的决胜阶段。缩小城乡、各省之间的差距，破解城乡结构二元化成了当前主要的问题。推进基本公共服务均等化，不断使发展成果惠及全体人民，有利于缩小贫富差距、构建人民满意的和谐社会。2019 年是实施东北振兴战略 15 周年，东北地区发展不断向前，但南北发展差距依然较大。因此，提高辽宁省基本公共服务均等化水平，有利于促进辽宁省经济和社会的发展，更好地让辽宁省在新一轮东北振兴中发挥关键的作用。本文以辽宁省基本公共服务为研究对象，从社会保障、公共医疗、公共教育、公共事业等方面与其他省份进行比较与研究，同时也对辽宁省内各市进行了比较与分析，构建各省和各市公共服务均等化水平的评价指标，运用 SPSS17.0 统计软件对各指标进行因子分析，从而得出辽宁省与其他省份的排名以及差距，并以此给出相对应的建议。

关键词： 辽宁省　公共服务均等化　因了分析法

一、相关文献综述

刘斌等（2010）根据西部地区经济、财政的发展状况，建立指标体系对山西、内蒙古、重庆等 12 省份的基本公共服务进行了测度与分析，并以全国为基准进行比较分析，提出有助于西部地区基本公共服务均等化的相关制度和建议。黄雪成、张君（2010）通过因子分析法对基本公共服务进行评价研究，把辽宁省基本公共服务作为

---

* 基金项目：辽宁省教育厅智库项目“发挥辽宁在东北全面振兴中的领头羊作用研究”（lzk201903）。

** 作者简介：刘蕾（1978～），女，辽宁沈阳人，沈阳师范大学旅游管理学院副教授、经济学博士，研究方向：产业经济；李春平（1975～），内蒙古阿荣旗人，辽宁大学经济学院助理馆员，研究方向：公共管理。

研究样本，并与全国各省（区、市）进行比较与分析，得出辽宁省基本公共服务总体发展较好，但应加强对环境保护的财政投入。张良（2012）以东部地区为研究出发点，首先，通过建立指标体系对东部地区各省市的基本公共服务进行实证分析，揭示了东部各省市基本公共服务存在的差异；其次，分析其形成差异的原因；最后，提出相关政策建议，缩小我国东部地区的基本公共服务差距，进而实现基本公共服务均等化。高鑫（2015）通过构建基本公共服务均等化评价指标体系，从基础教育、基本医疗卫生、社会保障、环境保护、基础设施、公共就业六个方面，对全国各省以及民族地区的基本公共服务均等化进行量化分析与比较。结果显示，我国民族地区与非民族地区的公共服务均等化水平存在一定的差距。基于此，提出了相关的建议。唐娟莉（2016）采用定量和定性分析，对河南省基本公共服务均等化水平进行实证分析。结果得出，河南省基本公共服务发展出现非均衡的状态，区域发展不平衡。佟林杰（2017）以河北省为研究对象，通过熵值法确定指标权重，并构建模型对河北省 11 个城市的基本公共服务进行评价，在上述基础上分析河北省公共服务均等化建设中存在的问题以及原因所在，并且从需求表达、参与机制等方面提出优化河北省公共服务均等化建设的路径。

二、辽宁省基本公共服务均等化实证分析

（一）辽宁省与其他省（区、市）基本公共服务均等化水平实证分析

1. 数据来源及检验

本文根据 2018 年《辽宁省统计年鉴》，把 31 个省（区、市）作为研究对象，选取 16 项指标作为原始变量，建立基本公共服务均等化指标体系（见表 1），并通过 SPSS17.0 软件检验原始变量是否适合做因子分析，通过对 16 项指标的 KMO 和 Bartlett 的检验（见表 2），结果显示 KMO 的值为 0.630，大于临界值 0.5，说明各变量之间有一定的相关性。同时，Bartlett 的球形度检验的 P 值为 0.000，小于 0.05，说明各变量独立。综上所述，原始变量适合做因子分析。

表 1　基本公共服务均等化指标体系

指标名称	指标解释
X1	学龄儿童入学率（%）
X2	每万人口在校大学生数（人）

续表

指标名称	指标解释
X3	普通小学生师比
X4	普通中学生师比
X5	每万人拥有医院病床（张）
X6	每万人拥有医生（人）
X7	参加城镇职工基本养老保险人数（万人）
X8	参加城乡居民基本养老保险人数（万人）
X9	参加基本医疗保险人数（万人）
X10	参加失业保险人数（万人）
X11	参加工伤保险人数（万人）
X12	城市用水普及率（%）
X13	城市燃气普及率（%）
X14	每万人拥有公共交通车辆（台）
X15	人均公园绿地面积（平方米）
X16	每万人拥有公共厕所（座）

表 2　　KMO 和 Bartlett 的检验

取样足够度的 Kaiser – Meyer – Olkin 度量		0.630
Bartlett 的球形度检验	近似卡方	415.283
	df	120
	Sig.	0.000

2. 初始特征值和方差贡献率

利用主成分分析，首先对初始特征值进行方差累计贡献率，然后提取平方和载入，对因子进行第一次旋转平方和，得出表 3。根据表 3 中我们可以看出，前五个因子的累计方差贡献率是 78.228% 且特征值都大于 1，说明这五个因子解释原始变量信息具有一定的代表性。

根据表 4 可以看出经过旋转后的矩阵包含 5 个公共因子。

表 3　　初始特征值和方差贡献率

成分	初始特征值			提取平方和载入			旋转平方和载入		
	合计	方差的%	累积%	合计	方差的%	累积%	合计	方差的%	累积%
1	4. 864	30. 402	30. 402	4. 864	30. 402	30. 402	4. 104	25. 653	25. 653
2	3. 660	22. 875	53. 277	3. 660	22. 875	53. 277	3. 403	21. 271	46. 924
3	1. 627	10. 167	63. 445	1. 627	10. 167	63. 445	2. 221	13. 884	60. 807
4	1. 284	8. 025	71. 470	1. 284	8. 025	71. 470	1. 481	9. 255	70. 062
5	1. 081	6. 759	78. 228	1. 081	6. 759	78. 228	1. 307	8. 166	78. 228

注：提取方法：主成分分析。

表 4　　旋转成分矩阵 a

	成分				
	1	2	3	4	5
X7	0. 954	0. 135	0. 146	0. 004	0. 007
X11	0. 927	0. 201	0. 137	0. 052	-0. 068
X10	0. 910	0. 252	0. 122	0. 073	-0. 093
X9	0. 866	-0. 325	0. 138	0. 074	0. 018
X8	0. 629	-0. 528	0. 127	0. 061	0. 064
X6	0. 117	0. 848	0. 167	0. 032	0. 166
X4	0. 102	-0. 814	-0. 069	0. 358	-0. 182
X14	0. 249	0. 719	0. 238	0. 347	-0. 160
X2	0. 108	0. 719	0. 258	-0. 094	-0. 257
X3	0. 390	-0. 566	0. 123	0. 519	-0. 231
X13	0. 189	0. 148	0. 918	-0. 092	-0. 069
X12	0. 046	0. 326	0. 747	0. 261	-0. 018
X15	0. 200	0. 067	0. 532	0. 211	0. 155
X1	0. 029	-0. 080	0. 140	0. 868	0. 045
X5	0. 027	-0. 032	0. 144	-0. 087	0. 828
X16	-0. 173	0. 144	-0. 487	0. 230	0. 605

注：提取方法：主成分分析法。旋转法：具有 Kaiser 标准化的正交旋转法。a. 旋转在 7 次迭代后收敛。

成分 1 分别在 X7、X8、X9、X10、X11 这 5 个指标上的载荷数比较高。这 5 个因子分别表示的是：参加城镇职工基本养老保险人数、参加城乡居民基本养老保险人数、参加基本医疗保险人数、参加失业保险人数、参加工伤保险人数。这些指标反映了人们的基础生活保障，所以，可以把成分1认为是影响基本公共服务均等化水平的社会保障硬性因子。

成分2分别在X6、X14、X12指标上的载荷数比较高。这4个因子分别表示的是：每万人拥有医生、每万人拥有公共交通车辆、城市用水普及率。这些指标反映了公共事业的绩效，所以，可以把成分2认为是影响基本公共服务均等化水平的基础设施硬性因子。

成分3分别在X13、X12、X15这3个指标上的载荷数比较高。这3个因子分别表示的是：城市燃气普及率、城市用水普及率、人均公园绿地面积。这些指标反映了基础设施的绩效，所以，可以把成分3认为是影响基本公共服务均等化水平的公共事业硬性因子。

成分4分别在X1、X3、X4这3个指标上的载荷数比较高。这3个因子分别表示的是：学龄儿童入学率、普通小学生师比、普通中学生师比。这些指标反映了受公共教育的水平，所以，可以把成分4认为是影响基本公共服务均等化水平的基础教育硬性因子。

成分5分别在X5、X16、X6这3个指标上的载荷数比较高。这3个因子分别表示的是：每万人拥有医院病床、每万人拥有公共厕所、每万人拥有医生。这些指标反映了医疗及公共设施等方面。所以，可以把成分5认为是影响基本公共服务均等化水平的公共卫生硬性因子。

根据表4可以得出各因子的得分函数，分别如下：

$F1 = 0.029X1 + 0.108X2 + 0.390X3 + 0.102X4 + 0.027X5 + 0.117X6 + 0.954X7 + 0.629X8 + 0.866X9 + 0.910X10 + 0.927X11 + 0.046X12 + 0.189X13 + 0.249X14 + 0.200X15 - 0.173X16$

$F2 = -0.080X1 + 0.719X2 - 0.566X3 - 0.814X4 - 0.032X5 + 0.848X6 + 0.135X7 - 0.528X8 - 0.325X9 + 0.252X10 + 0.201X11 + 0.326X12 - 0.148X13 + 0.719X14 + 0.067X15 - 144X16$

$F3 = 0.140X1 + 0.258X2 + 0.123X3 - 0.069X4 + 0.144X5 + 0.167X6 + 0.146X7 + 0.127X8 + 0.138X9 + 0.122X10 + 0.137X11 + 0.747X12 + 0.918X13 + 0.238X14 + 0.532X15 - 0.487X16$

$F4 = 0.868X1 - 0.094X2 + 0.519X3 + 0.358X4 - 0.087X5 + 0.032X6 + 0.004X7 + 0.061X8 + 0.074X9 + 0.073X10 + 0.052X11 + 0.261X12 - 0.092X13 + 0.347X14 + 0.211X15 + 0.230X16$

$F5 = 0.045X1 - 0.257X2 - 0.231X3 - 0.182X4 + 0.828X5 + 0.166X6 + 0.007X7 +$

0. 064X8 + 0. 018X9 - 0. 093X10 - 0. 068X11 - 0. 018X12 - 0. 069X13 - 0. 160X14 + 0. 155X15 + 0. 605X16

3. 因子得分和综合排名

根据各因子的得分函数可以计算出各省（市）基本公共服务均等化水平的各个公因子得分（见表5)，对原始数值进行标准化之后，再对表3的方差贡献率进行归一化处理，得出综合得分函数F：

F = 0. 328F1 + 0. 272F2 + 0. 177F3 + 0. 118F4 + 0. 105F5

表5　　基本公共服务均等化水平因子得分和综合排名

省份	FAC1_1	排名	FAC2_1	排名	FAC3_1	排名	FAC4_1	排名	FAC5_1	排名	综合得分	综合排名
北京	0. 17211	9	3. 83265	1	0. 38937	11	0. 86744	2	-0. 57474	22	1. 21	1
广东	3. 51471	1	0. 22034	11	-0. 54472	26	0. 09495	17	-1. 31412	27	0. 99	2
江苏	1. 48392	2	0. 55677	7	0. 38924	12	0. 56854	8	1. 02631	4	0. 88	3
浙江	1. 12022	5	0. 68316	5	0. 35193	13	0. 53773	9	0. 86835	5	0. 77	4
山东	1. 47422	3	-0. 29215	21	1. 11417	1	-0. 04201	21	0. 27786	16	0. 63	5
内蒙古	-0. 78918	25	0. 41527	10	0. 13446	20	0. 57335	7	2. 50395	1	0. 21	6
辽宁	-0. 01819	11	0. 49855	8	0. 49546	9	-0. 89771	29	0. 66168	9	0. 18	7
上海	-0. 17729	14	1. 12474	3	0. 10078	21	-0. 36637	26	-0. 70197	23	0. 15	8
河北	0. 40288	8	-0. 55652	23	0. 53528	8	0. 47939	10	-0. 26434	21	0. 10	9
四川	1. 03591	6	-0. 57973	24	-0. 58411	27	-0. 37335	27	0. 59180	11	0. 10	10
湖北	0. 14648	10	-0. 28644	20	0. 59725	7	-0. 27567	24	0. 31679	13	0. 08	11
陕西	-0. 27708	17	0. 68786	4	-0. 71916	28	0. 26056	14	0. 72707	7	0. 08	12
天津	-0. 95536	28	1. 43971	2	0. 73507	4	0. 32745	12	-2. 04738	31	0. 03	13
河南	1. 30083	4	-1. 27788	29	-0. 48565	24	0. 01887	20	0. 29169	15	0. 03	14
黑龙江	-0. 40609	21	0. 56622	6	-0. 50759	25	-0. 32129	25	1. 05746	3	0. 00	15
新疆	-0. 82721	26	0. 12615	13	0. 65090	5	-0. 11957	23	1. 16596	2	-0. 01	16
湖南	0. 58069	7	-0. 83836	26	-0. 09156	23	0. 02987	19	0. 30270	14	-0. 02	17
重庆	-0. 39501	20	-0. 51083	22	0. 88712	2	-0. 06883	22	0. 76134	6	-0. 04	18
福建	-0. 20384	15	-0. 13856	15	0. 31103	15	0. 73571	3	-1. 07300	26	-0. 08	19
山西	-0. 43783	22	-0. 05161	14	0. 29472	16	-1. 04749	30	-0. 23508	19	-0. 25	20
安徽	-0. 21776	16	-0. 95705	27	0. 80237	3	0. 23850	16	-0. 95630	25	-0. 26	21
宁夏	-1. 01829	29	-0. 15370	16	0. 16656	18	0. 70409	4	-0. 08516	18	-0. 27	22

续表

省份	FAC1_1	排名	FAC2_1	排名	FAC3_1	排名	FAC4_1	排名	FAC5_1	排名	综合得分	综合排名
青海	-1.18186	30	-0.25067	18	0.14701	19	0.68479	5	0.71355	8	-0.27	23
云南	-0.11614	12	-0.59346	25	-1.80569	30	1.01794	1	0.50311	12	-0.35	24
甘肃	-0.89968	27	-0.26535	19	0.34548	14	-0.58488	28	0.18920	17	-0.36	25
贵州	-0.58508	23	-1.07632	28	-0.01007	22	0.29062	13	0.65723	10	-0.38	26
江西	-0.32072	18	-1.29011	30	0.61144	6	0.37273	11	-1.32981	28	-0.44	27
海南	-1.20527	31	-0.20581	17	0.26012	17	0.24973	15	-1.50879	29	-0.53	28
广西	-0.36502	19	-1.40910	31	0.48401	10	0.07959	18	-1.53925	30	-0.57	29
吉林	-0.15829	13	0.43247	9	-0.75326	29	-4.67647	31	-0.24382	20	-0.65	30
西藏	-0.67679	24	0.14976	12	-4.30196	31	0.64183	6	-0.74231	24	-0.94	31

4. 结果分析

在社会保障方面：广东、江苏、山东的社会保障硬性因子得分排在前三位。这说明其省份政府在社会保障服务方面给予了各方面的支持，使得人民在医疗、养老等方面有了良好的保障。相反，宁夏、青海、海南在社会保障因子方面排名靠后。这就说明其省份政府应该加强对当地医疗、养老等有关社会保障的服务和出台相关的政策支持。其中，辽宁省排名虽然靠前，但与第一名的广东省差距还是比较大。辽宁省参加城乡职工基本养老保险人数共有1949.8万人，低于其他5个省份，特别是广东省，参加城乡职工基本养老保险人数达到了5287.1万人。同样，辽宁省在参加医疗保险人数上面远远低于其他省份，人数仅仅只有679.9万人，相比于排名第一的河南省，其参加人数高达10410.7万人，差距较明显。在失业保险和工伤保险方面，广东省参加人数分别高达3163.7万人和3402万人，大约是辽宁省参加人数的5倍。

在基础设施方面排在前三的分别是：北京、天津、上海。由于北京、天津、上海拥有充足的人力、财力、物力，也就使得其在基础设施方面要优于其他省份。而河南、江西、广西三个省份排在后三位，这就说明人民没有充分享受到城市的基础设施，政府还应当不断通过财力、人力完善基础设施建立，来增加人民幸福感和满意度。其中，辽宁省在基础设施方面排名靠前，排名第8。说明了辽宁省人民有充分享受到政府提供的服务。但在某些方面还需要不断完善，比如，辽宁省每万人只拥有13.23辆公共交通车，而北京每万人拥有的公共交通车约是辽宁省的2倍，每万人拥有26.55辆。而在人均公园绿地面积和每万人拥有公共厕所上面，辽宁省排名均靠后。

在公共事业方面排名前三的分别是：山东、重庆和安徽。这说明这三个省份人民生活得到了充分的保障，城市用水、燃气普及率较高。而吉林、云南、西藏分别排名后三位。由于地理位置原因造成的资源匮乏，政府就需要加强财力支持，以此提高全国均等化水平。其中，辽宁省在公共事业排名依然靠前，这说明辽宁省在公共事业方面成就显著。但部分公共事业还是不够完善，如北京、上海的城市用水、燃气普及率均已达到了100%，而辽宁省普及率分别是98.45%和97.14%，没有实现全部的用水、燃气的普及。这需要辽宁省政府或者乡镇加大宣传力度，提高用水、燃气的普及度。

在基础教育方面，云南、北京、福建排在前三名。由此可以说明这三个省份的受教育水平比较高，师资力量比较雄厚。而辽宁、山西、吉林则排在后三名。这说明其受教育水平较低，政府对教育投入力度不够。其中，辽宁省每万人口在校大学生数达到285.9名，排在全省的第9名。而北京每万人中有530名大学生。在普通中小师生比上，辽宁省排名明显靠后，分别排在第30名和第26名，与其他省份有着较大的差距。可以看出辽宁省人民受教育水平不仅低于全国教育水平而且也说明了辽宁省人们文化程度偏低，需要进一步提升人民的文化水平和综合素质。

在公共卫生方面，内蒙古、新疆、黑龙江排在前3名。这说明这三个省份的医院、医生较充分，人均拥有的机构床数较多。而海南、广西、天津则排在最后三名。由此可以看出他们在医疗卫生方面的资源比较匮乏，人均拥有量少。其中，辽宁省在公共卫生方面排名第9，高于全国公共卫生的平均水平。辽宁省每万人拥有68.3个病床，排名仅次于新疆，排在第2名。并且辽宁省每万人拥有26.5名医生，排在全国第7名。也就是表示辽宁省公共卫生资源充足，可以为人民提供更好的医疗服务。

从综合得分和综合排名得到：公共服务均等化水平排名第一的北京得分1.21，而排在最后一名的西藏综合得分为-0.94。这表明全国基本公共服务省际差异较大，发展水平不均衡。综合排名靠前的省份一般是东部沿海城市，而排名靠后的一般是西北内陆城市，这也体现了我国东西地区基本公共服务均等化水平不均衡的现状。在全国31个省份中，有16个地区的基本公共服务均等化水平综合得分小于0，这表示，我国基本公共服务均等化整体处于较低的水平。除此之外，我们还可以看出，辽宁省的公共服务均等化水平综合排名第7，在全国基本公共服务均等化发展水平排名比较靠前，但相比于部分沿海省份还是较差，因此，辽宁省需要不断提升公共服务均等化水平，为全面实现小康社会提供保障。

（二）辽宁省省内各市基本公共服务均等化水平实证分析

1. 指标选取与数据来源

本文根据2018年《辽宁省统计年鉴》，选取辽宁省14市作为研究对象，并选取12项指标作为原始变量，建立辽宁省各市基本公共服务均等化指标体系（见表6），并通过SPSS17.0软件检验原始变量是否适合做因子分析，通过对12项指标的KMO和Bartlett的检验（见表7），结果显示KMO的值为0.608，大于临界值0.5，说明各变量之间有一定的相关性。同时，Bartlett的球形度检验的P值为0.000，小于0.05，说明各变量独立。综上所述，原始变量适合做因子分析。

表6　　辽宁省各市基本公共服务均等化指标体系

	指标解释
X1	每万人口在校大学生数（人）
X2	普通小学生师比
X3	普通中学生师比
X4	每万人拥有医院病床（张）
X5	每万人口执业（助理）医师（人）
X6	参加城镇职工基本养老保险人数（万人）
X7	参加基本医疗保险人数（万人）
X8	参加失业保险人数（万人）
X9	城市用水普及率（%）
X10	城市燃气普及率（%）
X11	人均城市道路面积（平方米）
X12	人均公园绿地面积（平方米）

表7　　KMO和Bartlett的检验

取样足够度的Kaiser－Meyer－Olkin度量		0.608
Bartlett的球形度检验	近似卡方	153.314
	df	66
	Sig.	0.000

2. 特征值、方差贡献率和碎石图

利用主成分分析，对初始特征值进行方差累计贡献率，再提取平方和载入，对因子进行第一次旋转平方和，得到表 8。根据表 8 中的初始特征值和贡献率可以看出，前三个因子的累计方差贡献率是 79.490% 且特征值都大于 1，说明这三个因子可以很好地解释原始变量的相关信息。

表 8　　初始特征值和方差贡献率

成分	初始特征值			提取平方和载入			旋转平方和载入		
	合计	方差的%	累积%	合计	方差的%	累积%	合计	方差的%	累积%
1	5.412	45.101	45.101	5.412	45.101	45.101	4.970	41.417	41.417
2	2.658	22.150	67.251	2.658	22.150	67.251	2.768	23.066	64.484
3	1.469	12.239	79.490	1.469	12.239	79.490	1.801	15.007	79.490

注：提取方法：主成分分析。

从图 1 我们也可以看出前三个成分大于 1 且比较陡峭，从第四个成分开始趋于平缓，这同样说明前三个因子解释原始变量信息具有一定的代表性。

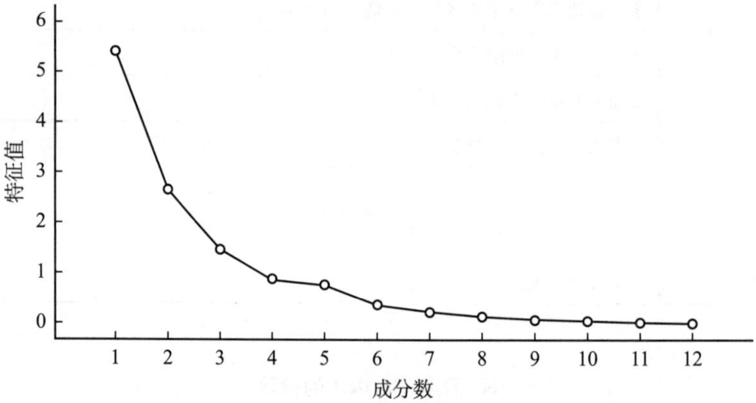

图 1　各成分碎石图

根据表 9 可以看出经过旋转后的矩阵包含 3 个公共因子：

表 9　　旋转成分矩阵 a

	成分		
	1	2	3
X7	0.985	0.095	-0.025
X8	0.974	0.113	-0.055
X6	0.970	0.156	0.085
X1	0.896	0.090	0.011
X5	0.741	0.347	-0.164
X2	0.690	0.013	0.338
X10	0.165	0.859	-0.216
X9	0.000	0.841	0.089
X11	0.081	0.774	-0.165
X4	0.405	0.663	0.032
X12	-0.138	0.044	0.925
X3	0.258	-0.331	0.843

注：提取方法：主成分分析法。旋转法：具有 Kaiser 标准化的正交旋转法。a. 旋转在 5 次迭代后收敛。

成分 1 在三个因子中的影响力度排名第一，方差贡献率达到 41.417%。分别在参加基本医疗保险人数（X7）、参加失业保险人数（X8）、参加城镇职工基本养老保险人数（X6）等指标上的载荷数较高，这些反映了人们的社会保险和保障数据。所以，可以把成分 1 命名为社会保障因子。

成分 2 在三个因子中的影响力排名第二，方差贡献率达到 23.066%。分别在城市燃气普及率（X10）、城市用水普及率（X9）、人均城市道路面积（X11）等指标上的载荷数较高，这些反映了人们的生活基础设施方面的数据。所以，可以把成分 2 命名为基础设施因子。

成分 3 在三个因子中的影响力排名第三，方差贡献率达到 15.007%。分别在人均公园绿地面积（X12）、普通中学生师比（X3）、普通小学生师比（X2）等指标上的载荷数较高，这些反映了人们的生活和教育水平方面的数据。所以，可以把成分 3 命名为公共教育因子。

根据表 9 可以得知各因子的得分函数，分别如下：

$$F1 = 0.896X1 + 0.690X2 + 0.253X3 + 0.405X4 + 0.741X5 + 0.970X6 + 0.985X7 + 0.974X8 + 0.000X9 + 0.165X10 + 0.081X11 - 0.138X12$$

$$F2 = 0.090X1 + 0.013X2 - 0.331X3 + 0.663X4 + 0.347X5 + 0.156X6 + 0.095X7 +$$

$0.113X8+0.841X9+0.859X10+0.774X11+0.044X12$

$F3=0.011X1+0.338X2+0.843X3+0.032X4-0.164X5+0.085X6-0.025X7-0.055X8+0.089X9-0.2161X10-0.165X11+0.925X12$

3. 因子得分和综合排名

根据各因子的得分函数可以计算出 14 个城市政务微博的各个公因子得分（见表 10），对原始数值进行标准化之后，再对表 8 的方差贡献率进行归一化处理，得出综合得分函数，如下：

$F=0.521F1+0.29F2+0.189F3$

表 10　　辽宁省各市公共服务均等化水平因子得分和综合排名

城市	FAC1_1	排名	FAC2_1	排名	FAC3_1	排名	综合得分	综合排名
沈阳	2.44652	1	0.68858	4	1.00859	2	1.66	1
大连	2.14921	2	-0.35493	10	-0.87906	12	0.85	2
盘锦	-0.59167	12	1.38841	1	0.45741	5	0.18	3
营口	-0.40396	8	0.68197	5	0.57137	4	0.10	4
丹东	-0.68305	14	1.03176	3	0.43792	6	0.03	5
辽阳	-0.50773	10	1.03720	2	-0.18840	8	0.00	6
鞍山	0.04385	3	0.12403	7	-0.36488	9	-0.01	7
锦州	-0.31644	6	-0.09334	9	0.80947	3	-0.04	8
本溪	-0.61000	13	0.53598	6	-0.38276	10	-0.23	9
抚顺	-0.02745	4	0.10580	8	-1.40317	13	-0.25	10
葫芦岛	-0.48953	9	-1.54204	13	2.06186	1	-0.31	11
朝阳	-0.11739	5	-1.94104	14	0.30597	7	-0.57	12
阜新	-0.32102	7	0.68858	2	-0.87404	11	-0.60	13
铁岭	-0.57135	11	-0.35493	29	-1.56027	14	-0.81	14

4. 结果分析

根据表 10 可以看出在社会保障硬性因子方面排名靠前的分别是：沈阳、大连、鞍山、抚顺、朝阳。由此可以认为以上城市政府对于社会保障方面给予了大力的政策支持，特别是在基本医疗保险、失业保险、城镇职工基本养老保险有更多的投入。其中，在基本医疗保险和失业保险参保人数方面，大连参保人数排名第一，阜新排在最后。在城镇职工基本养老保险参保人数方面，沈阳参保人数排名第一，阜新同样排在最后。在基础设施方面排名靠前的分别是：盘锦、辽阳、丹东、沈阳、营口。这表示以上城市及基础设施比较完善、城市建设程度较高。其中，在城市燃气普及率和城市用水普及率方面，盘锦以 100% 的普及率排在第一。在人均拥有城市道路面积方面，营口排名第一。在公共教育方面排在前五位的分别是：葫芦岛、沈阳、锦州、营口、盘锦。这说明以上城市的人们受教育程度比较高，拥有良好的师资力量和资源等。其中，沈阳在每万人口中有 616.2 个在校大学生数。

从综合得分和排名可以得出：辽宁省基本公共服务均等化水平排名分别为：沈阳、大连、盘锦、营口、丹东、辽阳、鞍山、锦州、本溪、抚顺、葫芦岛、朝阳、阜新和铁岭。排在第一位的综合得分为 1.66，而排在最后一位的综合得分为 -0.81。这说明辽宁省各市基本公共服务均等化水平存在较大的差距，发展不均衡。其中 14 个市中，有 6 个基本公共服务均等化水平综合得分大于 0，这说明其影响力水平高于平均水平。其余 8 个基本公共服务均等化水平的综合得分小于 0，这就说明其影响力低于平均水平。排名靠前的分别为沈阳、大连、盘锦、营口、丹东等，这说明这些市区为基本公共服务均等化提供了大量的政策、资源等支持。比如：沈阳基本公共服务均等化水平较高，主要由于其是辽宁省的省会，拥有丰富的资源和政策支持。再比如：大连、营口、丹东等地，靠近海域，拥有便利的交通条件，有利于促进经济的发展，进而为提高基本公共服务均等化水平提供有力的保证。

综上所述，可以得出，全国各省之间和辽宁省省内基本公共服务均等化水平发展不均衡。主要体现在：首先，经济发达地区和沿海地区，基本公共服务均等化水平发展较高。其次，经济发展较落后和靠近内陆地区，基本公共服务均等化水平发展较低。因此，辽宁省应优化公共服务供给结构，缩小各市之间的差距，实现全省基本公共服务均等化。

三、建议与结论

（一）优化公共服务供给模式

首先，补齐辽宁省基本公共服务的短板，加快实现基本公共服务均等化。辽宁省基本公共服务均等化水平在全国排名虽然靠前，但短板在于公共教育与其他省份差距较大。辽宁省应该通过加大对教育的投资力度、提高义务教育水平等方式，缩小与全国公共教育方面的差距。其次，建立服务型政府。提高公共服务均等化水平归根结底是为了满足社会公众的利益，通过不断优化公共服务供给模式，来提高人民群众的幸福感、获得感、安全感。其中提供充足的社会保障、公共卫生、公共教育、公共事业、基础设施等都是提高人民获得感、幸福感、安全感的途径。

（二）加强各市之间合作，推动共同发展

加强各市之间的合作，是实现辽宁省各区域平衡发展的基础。首先，推动区域联动发展。沿海城市带动内陆城市、经济繁荣城市带动经济落后城市，同时政府出台的政策更加考虑落后城市，为实现辽宁省各方面平衡发展提供支持。其次，加快城镇化发展，统筹城乡公共服务布局。辽宁省各市应该不断优化城乡布局结构，加强各市公共设施、公共教育、公共卫生等的共享性，提高葫芦岛、朝阳、阜新、铁岭等基本公共服务均等化水平较低地区的水平。比如，铁岭与沈阳的地理距离相对较近，沈阳可以利用自己的优势和资源，将一部分公共设施等有利条件辐射到铁岭地区，加强铁岭等周边的基础设施建设，以此提高全省的基本公共服务均等化水平。

（三）完善公共财政体制，增强公共服务供给

完善公共财政体制，构建辽宁省各市统一的基本公共服务制度。首先，完善财政转移支付制度。资金比较发达的城市将其部分资金转移到需要发展但资金较弱的城市中，实现全省的共同发展，促进公共服务均等化水平的提升。其次，优化财政支出结构。党的十九大报告指出，我国社会主要矛盾已经转化为人民日益增长的美好生活需要和不平衡不充分的发展之间的矛盾。所以，政府应该在资金有限的情况下，集中财力满足人民对美好生活的需求，解决人民迫切的需求，促进地区和谐发展，为全面实现基本公共服务均等化做出一定的贡献。

（四）推进基本公共服务标准化

党的十九大报告提出，从 2020 ~ 2035 年，基本公共服务均等化基本实现。实现基本公共服务均等化的关键是推进基本公共服务的标准化。首先，建立健全相关法律法规体系。明确社会公共服务供给主体的职责范围、责任、义务等，同时也应该明确公民应该享有的公共服务权利，确保提供的公共服务可以真正落实到人民的生活上，提升人民的满意度，增加社会的整体福祉。其次，建立健全问责机制，规范公共服务供给行为。通过不断健全完善相关法律法规，出台有关社会公共服务供给的专项法律，在法律中明确主体的权责关系。如果有问题发生，可以及时对相应的主体进行问责。与此同时，政府和公民应该作为监督者，发现其不正当行为，及时举报，依法进行处理，以保证全社会公民都可以公平的享有公共服务。

参考文献

[1] 刘斌、余兴厚、罗二芳:《西部地区基本公共服务省际差异研究——基于因子分析与聚类分析模型的初探》,载《贵州财经学院学报》2010 年第 9 期,第 97 页。

[2] 黄雪成、张君:《辽宁省基本公共服务发展评价》,载《统计教育》2010 年第 11 期,第 45 ~ 47 页。

[3] 张良:《我国东部地区基本公共服务省际差异研究》,河北经贸大学学位论文,2012 年。

[4] 高鑫:《民族地区基本公共服务均等化的量化分析》,载《内蒙古财经大学学报》2015 年第 3 期,第 84 ~ 85 页。

[5] 唐娟莉:《河南省区域基本公共服务均等化水平测度》,载《统计与决策》2016 年第 7 期,第 58 页。

[6] 佟林杰:《河北省基本公共服务质量测度研究》,载《数学的实践与认识》2017 年第 47 期,第 307 ~ 308 页。

[7] 徐卓顺、丁晓燕:《吉林省基本公共服务绩效评价》,载《城市瞭望》2013 年第 8 期,第 92 ~ 93 页。

[8] 吴乐珍:《基于因子分析法的各省基本公共服务绩效评价》,载《统计与决策》2012 年第 11 期,第 62 页。

[9] 焦振华:《云南省基本公共服务均等化实证研究》,财政部财政科学研究所学位论文,2013 年。

[10] 习近平:《决胜全面建成小康社会 夺取新时代中国特色社会主义伟大胜利——在中国共产党第十九次全国代表大会上的报告》,人民出版社 2017 年版。

Research on the Equalization of Public Services in Liaoning Province

LIU Lei LI Chunping

Abstract: Since the 19th National Congress, China has entered a new era of socialism with Chinese characteristics, and at the same time it has entered the stage of decisive victory in building a well-off society. Reducing the gap between urban and rural areas, the gap between provinces, and cracking the dualization of urban and rural structures have become the main problems. Promote the equalization of basic public services, and continuously make development achievements benefit all the people, help narrow the gap between the rich and the poor, and build a harmonious society that the people are satisfied with. This year marks the 15th anniversary of the implementation of the Northeast Revitalization Strategy. The development of the Northeast region continues to move forward, but the gap between the North and the South is still relatively large. Therefore, improving the level of equalization of basic public services in Liaoning Province will help promote the economic and social development of Liaoning Province and better enable Liaoning Province to play a key role in the new round of northeast revitalization. This paper takes the basic public services of Liaoning Province as the research object, compares and studies with other provinces from the aspects of social security, public health, public education, public utilities, etc. , and also compares and analyzes the cities in Liaoning Province, and builds the provinces and The evaluation index of the equalization level of public services in each city, using SPSS17. 0 statistical software to analyze the indicators, to obtain the rankings and gaps between Liaoning Province and other provinces, and give corresponding recommendations.

Key words: Liaoning Province Equalization of public services Factor analysis

沈大经济走廊高质量发展研究*

李　静　王继宇**

摘　要： 建设沈大经济走廊，是新时代辽宁省优化空间布局，促进整个区域振兴发展的重要战略举措。沈大经济走廊纵贯整个辽宁省，所处的地理位置优势明显，经济走廊内有多条交通干线，汇聚了省内的大部分科技力量。但缺乏统一规划，营商环境较差，区域内部没有形成良好的发展态势，人才外流问题严重，产业结构也存在不合理之处。为推动沈大经济走廊高质量发展，本文借鉴西日本国土轴开发经验，提出需要加快沈大经济走廊总体规划设计，优化营商环境；运用点轴理论对经济走廊进行合理布局，充分发挥沈阳和大连的辐射带动作用；积极引进高层次的人才，在整个经济走廊内营造创新创业的氛围；各城市要充分发展自己的优势产业，对传统产业进行技术改造升级，实现产业的错峰发展。

关键词： 沈大经济走廊　高质量发展　点轴理论　产业升级

一、引言与文献综述

2018 年习近平主席曾经在“深入推进东北振兴座谈会”上指出，要充分优化营商环境、培育壮大新动能、科学统筹精准施策、创建优势产业群促进东北的发展。2020 年 1 月 14 日，在辽宁省第十三届人民代表大会第三次会议上，政府工作报告中首次提出要谋划打造沈大经济走廊，形成高质量发展区域经济布局。此后，在省政协十二届三次会议大会上，政协委员刘刚发言指出，沈大经济走廊要发展，必须通过一体化的区域治理模式，打造“沈大”双城记，打造创新创业带，带动区域经济发展。

---

* 基金项目：辽宁省教育厅智库项目“发挥辽宁在东北全面振兴中的领头羊作用研究”（lzk201903）。

** 作者简介：李静（1994～），女，山东日照人，辽宁大学经济学院硕士研究生，研究方向：区域经济学。王继宇（1983～），男，辽宁鞍山人，辽宁工程职业学院思政部讲师，研究方向：区域经济。

规划建设沈大经济走廊，可以为辽宁区域经济的发展构建一个良好的平台，增强沈阳、大连两座中心型城市的辐射影响力，加速区域内资源和要素的合理流动，带动中小城市的整合发展，是辽宁经济振兴和发展的一个重要举措。

目前国内关于经济走廊已经有了一定的研究和讨论：杨振山、吴笛和程哲（2018）从区域经济合作的视角，对经济走廊进行了分类，并具体划分为交通走廊、城市走廊、能源运输走廊、产业走廊、贸易走廊、移民走廊、科技走廊7类。交通走廊方面，唐颖（2014）发现宁沪杭甬高速公路走廊内的城市规模均衡性有提升的空间，城市之间的相互作用地域差异明显。杨小娟和徐邓耀（2018）分析了嘉陵江沿岸广元、南充、合川三市的经济基础和前景，提出通过降低运输成本、进行合理的产业分工、招商引资等方法来促进嘉陵江经济走廊的建设。城市走廊方面，孟祥林（2105）指出要进行大城市的扩展和小城市的发展，最终从城市走廊扩展到城市带。何传新（2009）提出泰安应该依托省会城市济南，建设济泰经济走廊，并对济泰经济走廊的开发构想和战略举措进行了具体的阐述。产业走廊方面，李春艳和田爱国（2011）建议对老工业基地进行技术改造，淡化行政区划的限制，修整基础设施。万哨凯（2016）首先分析了昌九工业走廊建设目前存在城市网络薄弱、产业发展不均衡、存在行政壁垒等问题，并有针对性地提出了城镇规划、交通网络布局、体制机制完善等建议。科技走廊方面，肖建（2018）从优势、劣势、机遇、威胁四个方面分析了沪嘉杭G60科创走廊面临的机遇和挑战，并给出了加强机制创新和提升科技创新实力等政策建议。段艳红、何悦和胡品平（2018）研究了广深科技走廊在科技创新方面的做法，得出要在创新的机制、政策和产业方面重点关注。但是更多的时候，经济走廊涉及交通、城市、科技、产业等多个方面，邵士官（2010）指出鲁南城市走廊需要形成大中小城市合理发展的局面，完善东西向的交通路线，对产业结构进行优化升级，完善互动机制。宋虹（2017）介绍了美国128号公路创新廊道，该廊道依托高速公路以及公路两旁众多电子科研中心，成为世界著名的创新科技中心。王志宪和虞孝感（2005）指出要通过建设城镇联系密切的发展轴和城镇组团来加速江苏沿江地区一体化进程。李继东（2010）具体指出了广武经济走廊拓展轴线所具备的优势资源，并从开放市场、产业对接、制度创新、物流金融等方面进行整合，使之成为珠江大都市圈连接华中经济圈的战略要道。李春连（2012）指出要建设黔桂走廊经济需要从三个方面入手，政府做好引导的作用、完善交通网络、构建现代产业集群。徐寅生（2011）以点轴开发模式为理论基础，建议强化长春和吉林两个城市的节点作用，通过打造城市之间的交通带和产业带，推动长吉一体化的发展进程。

上述文章对不同区域的经济走廊建设进行了讨论，但目前还没有建设沈大经济走廊的相关讨论。本文对沈大经济走廊建设的基础条件进行了分析，并针对走廊目前存在的问题，借鉴西日本国土轴的开发经验，提出有针对性的建议，通过沈大经济走廊的高质量建设，带动辽宁地区的经济复兴发展。

二、沈大经济走廊高质量发展优势与问题分析

（一）沈大经济走廊高质量发展优势分析

1. 地理位置优越

辽宁省政协十二届三次会议大会发言指出，沈大经济走廊应该按照“沈、大两核心，铁岭、辽阳、鞍山、营口四节点，县级城市多圈层”的模式进行布局。从地理位置上看，沈大经济走廊位于东北地区的南部，南邻渤海和黄海，与日本韩国隔海相望，处于东北经济区和环渤海经济区的交汇处。从铁岭到沈阳再向南延伸至大连，各个城市之间环环相扣，纵贯整个辽宁省。沈大经济走廊涵盖的六市总面积达到了58380平方公里，占到整个辽宁省土地面积的39.29%，GDP总值为15608亿元，占整个省GDP总值的61.65%。大连的海岸线长度占据辽宁省海岸线长度的70%多，港口码头资源丰富，2017年全年沿海港口货物吞吐量4.6亿吨，占到辽宁省港口货物吞吐量的40.87%。沈大经济走廊内矿产资源种类丰富，水资源充沛，具有海洋旅游和历史文化旅游等多种旅游资源。整体来说，沈大经济走廊的区位优势明显，加快沈大经济走廊的建设，对于辽宁拓展发展空间，提高区域整体发展水平具有重要意义。

2. 交通基础设施较为完备

沈大经济走廊涵盖了多条铁路干线和高速通道，长大铁路干线纵贯南北，连接了走廊内的两大四小城市。走廊内现有京哈高速、丹阜高速、沈海高速、鹤大高速、丹锡高速、沈阳绕城、辽中环线高速、奈营高速等国道，灯辽高速、101省道、庄盖高速、106省道等省级高速，这为沈大经济走廊的要素资源流动提供了快捷方便的方式，从沈阳到大连乘高铁最快1小时46分钟就可以到达。经济走廊内有沈阳桃仙国际机场、大连周水国际机场、大连金州湾国际机场、鞍山腾鳌机场等，2018年沈阳机场旅客吞吐量为1902.7万人次，机场航线达到226条，与国际25个城市、国内93个城市通航；大连机场旅客吞吐量为1749.9万人次，航线总数达到298条，与121个国内外城市通航。从沈大经济走廊的客运和货运总量来看，沈阳在经济走廊中是客流量最大的城市。相比客流量来说，大连的货运总量优势明显，这与大连的港口海岸具有重要的关系。沈大经济走廊的客运量和货运量都超过了辽宁省的一半，客运总量所占的比例优势更加突出。从公路里程来看，沈大经济走廊公路总里程占辽宁省公路

总里程的一半左右，高速公路总里程则占到了 84.86%，交通基础设施较为完善（见表 1）。

表 1　　沈大经济走廊 2018 年客运、货运量与公路总里程

城市	沈阳	大连	辽阳	鞍山	营口	铁岭	辽宁省	走廊之和/辽宁
客运总量（万人次）	20320	11070	9000	6159	2984	3447	72985	72.59%
货运总量（万吨）	22889	44955	14510	21788	16625	7561	223354	57.45%
境内公路总里程（公里）	13040	13079	3993	7212	4364	11463	120882	43.97%
高速公路总里程（公里）	653	531	159	229	—	11461	15358	84.86%

资料来源：辽宁省统计年鉴和各市统计公报。

3. 经济走廊内集聚了辽宁的大部分科技力量

截至 2018 年，辽宁省的 4 所 985、211 院校全都集中在沈大经济走廊内。廊内专利技术授权量达到了 21798 件，占据整个辽宁省的 62%；技术合同成交额达到了 450 亿元，是整个辽宁省的 90% 以上。沈阳和大连分别拥有国家级技术研究中心 20 个和 4 个，分别拥有 R&D 人员数为 54179 人和 60064 人。沈大经济走廊内沈阳、大连、辽阳、营口、铁岭拥有 R&D 人员总数为 124374 人，占整个辽宁省的 84.61%；R&D 经费内部支出总额为 3659071 万元，占整个辽宁省的 83.5%。从中可以看出，沈大经济走廊汇集了辽宁省大部分的科技力量，科技是重要的生产力，对于沈大经济走廊在辽宁省率先实现引领式发展，具有重要的战略性意义。

（二）沈大经济走廊高质量发展需要克服的问题

1. 走廊内部缺乏合作协调机制，营商环境较差

由于缺乏统一的规划和设计，区域内经济的增长出现了分化现象，地区之间的横向差距进一步拉大。不同城市政府之间缺乏协调合作机制，经常存在利益点冲突和矛盾，导致经济带内的城市发展出现不协调和不均衡的现象。由于行政区划的原因，不同政府的行政管理体制和政绩考核等使得经济带内的地市不能够从大局出发，各自为政，阻碍了沈大经济走廊内城市的一体化和加速化的发展。

比较城市营商环境指数可以发现，大连和沈阳在全国分别处于第 19 和第 25 的位置，落后于青岛、合肥、长沙、济南这种发展水平较为类似的城市。从软环境指数来看，沈阳和大连排名分别位于第 33 和第 31，反映了沈大经济走廊总体市场主体较少。商务成本指数反映了投资的水价、房价、电价等投资成本，从这一方面来看，沈阳和大连虽然比一线城市要低，但是与重庆、西安等城市相比就不再具有优势。市场

经济的好处是让资本、要素和人才等更加快捷地流动和聚集，从而能够让这个地区更加具有经济活力和影响力，但辽宁地区受传统官本位等思维观念的束缚，政府"放管服"改革并不十分到位。出现了一些"投资不过山海关"的说法，也从侧面反映了辽宁的营商环境比较差，社会的契约精神比较淡薄，对于社会投资和企业的入驻吸引力比较小，在一定程度上阻碍了社会经济的复兴和进一步发展（见表2）。

表2　　城市营商环境比较

城市	营商环境指数	排名	软环境指数	排名	市场环境指数	排名	商务成本指数	排名
深圳	0.611	1	0.816	1	0.571	3	0.282	33
上海	0.524	2	0.148	29	0.888	1	0.253	34
广州	0.512	3	0.417	3	0.502	4	0.368	32
北京	0.51	4	0.217	21	0.712	2	0.061	35
重庆	0.478	5	0.266	12	0.459	5	0.763	9
成都	0.405	6	0.336	7	0.321	9	0.655	22
南京	0.398	7	0.294	10	0.309	10	0.537	27
杭州	0.397	8	0.354	6	0.336	7	0.480	30
长沙	0.391	9	0.448	2	0.271	13	0.681	21
武汉	0.388	10	0.263	13	0.333	8	0.644	23
西安	0.377	11	0.415	4	0.186	18	0.778	7
青岛	0.375	12	0.304	9	0.28	11	0.555	26
昆明	0.359	13	0.213	22	0.113	26	0.743	12
贵阳	0.350	14	0.339	8	0.073	31	0.799	5
宁波	0.331	15	0.235	17	0.272	12	0.502	29
厦门	0.330	16	0.368	5	0.141	23	0.468	31
郑州	0.324	17	0.29	11	0.226	14	0.704	17
天津	0.322	18	0.118	32	0.414	6	0.503	28
大连	0.318	19	0.13	31	0.201	15	0.702	20
南昌	0.313	20	0.245	15	0.123	25	0.752	11
福州	0.313	21	0.184	23	0.189	17	0.572	25
南宁	0.312	22	0.218	20	0.081	28	0.753	10
合肥	0.303	23	0.225	19	0.166	19	0.703	19
长春	0.301	24	0.170	25	0.151	21	0.718	16
沈阳	0.298	25	0.093	33	0.151	22	0.733	13

资料来源：《2018中国城市营商环境指数评价报告》。

2. 初步具备点轴开发条件，但没有形成良性发展态势

沈大经济走廊内省会城市沈阳和沿海开放城市大连，以及四个地级市辽阳、鞍山、营口、铁岭作为点轴开发的节点，依托京哈铁路以及沈大高速等区域内的交通路线，初步具备点轴开发的条件。但是，沈阳和大连作为经济走廊的中心城市，整体核心竞争力还有待加强。从GDP来看，大连为7669亿元，仅相当于杭州的一半。全社会固定资产投资方面，沈阳和大连两个城市都没有达到2000亿元。在实际利用外资投资额方面，两城市之和为41亿美元，比最低的宁波还要少。沈阳的进出口总值为984亿元，表现较差。两城市的地方财政一般公共预算收入刚刚超过700亿元，与其他城市相比有较大差距。总体来说，沈阳大连作为经济走廊的中心城市，只有自身的实力不断提高加强，才能更好地发挥辐射带动作用（见表3）。

表3　　2018年不同区域中心城市主要数据对比

城市	沈阳	大连	杭州	宁波	济南	青岛	福州	厦门
GDP（亿元）	6292	7669	13509	10746	7857	12002	7857	4791
全社会固定资产投资（亿元）	1711	1818	6489	5190	4782	8391	6463	2621
实际利用外资投资额（亿美元）	14	27	68	43	100	87	55	107
社会消费品零售总额（亿元）	4051	3880	5715	4155	4405	4843	4666	1542
进出口总值（亿元）	984	4701	5245	8576	825	5321	2453	6005
地方财政一般公共预算收入（亿元）	720	704	1825	1380	753	1232	1118	1283
第三产业增加值（亿元）	3656	3984	8632	4932	4755	6764	4157	2787

资料来源：各省统计年鉴和各市统计公报。

经济走廊内的小城市之间的经济联系和合作普遍不强，资源和信息等要素整合的水平很低。各小城市不能很好地与沈阳和大连进行合作，现阶段只是拘泥于传统发展模式中，整体发展水平低下，城市建设比较滞后。发展模式单一，缺乏城市特色，在东北经济状况持续低迷的情况下，小城市闭门造车式的发展将会难以为继。

3. 人口外流，就业不景气使得创新创业型人才流失严重

作为东北老工业基地的一部分，沈大经济走廊曾经为国家的重工业发展贡献了重要的力量，吸引了大量人才的聚集。但是随着国家东南沿海经济的发展，东北的经济持续低迷，外加气候的寒冷，大量的人口开始外流。从《中国就业市场景气报告》中可以看出，东北三个季度的就业景气指数分别为0.73、0.53和0.66，与其他区域同期相比均处于最低水平（见图1）。就业状况持续遇冷，经济不景气使得就业岗位减少，这也是大量人才外流的原因之一。以辽宁省2016～2018年3年的总人口来看，

总人口是逐年减少的，2017 年和 2018 年分别减少了 35.5 万人和 4.6 万人。在辽宁高校就读的外省大学生和研究生，毕业后大部分都离开了辽宁省，选择去北上广发达地区或者是返回家乡就业，本省户籍毕业生留在辽宁的所占比例也比较小。高水平人才大都被南方城市优厚的待遇水平吸引，一部分青壮年劳动力选择去有务工条件更好的地区打工，很多富裕家庭选择在温度更加适宜的南方买房。在整个东北地区人才外流的情况下，沈大经济走廊就会出现创新创业人才不足，科技创新能力竞争力下降；劳动力的外流导致企业招工等困难；大量人口的流失也会使得经济走廊内的消费水平下降，从而不能够带动经济的复兴与发展。

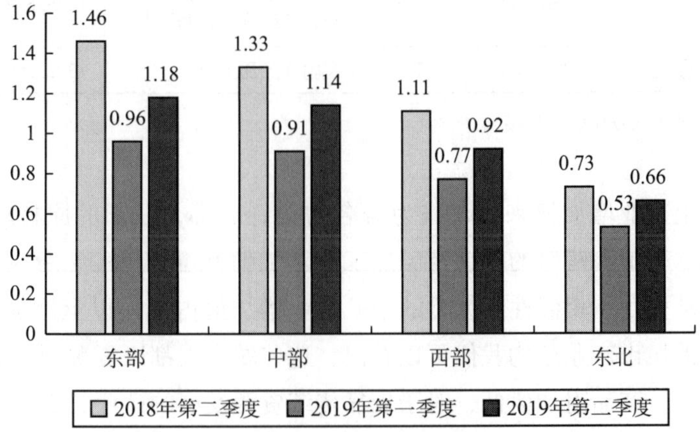

图 1　不同区域就业景气指数

资料来源：2019 年第二季度《中国就业市场景气报告》。

4. 城市之间产业结构存在相似性，产品附加值低

对比沈大经济走廊的两个副省级城市沈阳和大连可以发现，从 2017 年产值前五的行业来看，汽车制造业、铁路、船舶、航空航天和其他运输设备制造业和农副食品加工业均是两个城市的主导产业。从纵向看，沈阳分别位列第一位、第三位和第四位，大连分别排在第三位、第四位和第五位；从横向看，沈阳的汽车制造业占据较大的优势，产值大约是大连汽车制造业产值的 4 倍，而在铁路、船舶、航空航天和其他运输设备制造业和农副食品加工业方面，两个城市的产业产值相差不大，大连在这两个行业具有微弱的优势。从中可以看出，由于工业基础、历史原因和经济利益等方面的原因，两个城市的产业发展存在相似性，可能会造成基础设施的重复建设和资源要素的恶性竞争（见表 4）。

表 4　　2017 年沈阳、大连产值前五的行业

沈阳			大连		
行业	产值（万元）	占比（%）	行业	产值（万元）	占比（%）
汽车制造业	21164797	40.14	化学原料和化学制品制造业	8585716.2	15.49
通用设备制造业	4149178	7.87	石油、煤炭及其他燃料加工业	8518230.8	15.37
铁路、船舶、航空天和其他运输设备制造业	3905282	7.41	汽车制造业	5824261	10.51
农副食品加工业	3503543	6.64	铁路、船舶、航空航天和其他运输设备制造业	4765699	8.60
电气机械和器材制造业	2945688	5.59	农副食品加工业	3821386	6.90

资料来源：2018 年《辽宁统计年鉴》。

从规模以上行业增加值来看，作为著名的化纤之都，辽阳的原材料行业贡献了86.1%的比例。鞍山和营口的钢铁及深加工业增加值都位列第一，分别为54.93%和31.9%，产业结构存在相似性。铁岭的采矿行业增加值占规模以上增加值的47.8%。从四个地级市的城市产业结构我们可以看出，这些城市大都以资源型产业或者是初级产品加工业为主，产品附加值低，对于依靠传统资源发展的产业，必须要考虑资源枯竭以后城市的发展（见表5）。

表 5　　2018 年四城市规模以上工业增加值行业构成

辽阳		鞍山		营口		铁岭	
行业	占比（%）	行业	占比（%）	行业	占比（%）	行业	占比（%）
原材料工业	86.1	钢铁及深加工业	54.93	钢铁及深加工业	31.90	采矿业	47.80
装备制造业	10.3	菱镁新材料产业	17.08	快速消费品产业	17.60	制造业	37.30
农产品深加工	2.50	装备制造业	8.46	镁产业	14.50	电力、热力、燃气及水生产和供应业	14.90

资料来源：各市统计公报。

三、东海道城市群的发展经验

东海道城市群是指包括东京、名古屋、大阪三大城市，通过新干线、常规线路、

高速公路和普通国道等交通线路将沿线小城镇连接起来而形成的经济走廊（薛亮，2019）。这一地区已经成为了日本经济最为繁荣的地区之一，城市化水平高、人口密集、产业布局合理。该区域的成功经验对于沈大经济走廊的发展具有重要的借鉴意义，大致可以归结为以下几个方面：

第一，政府高度重视国土的总体开发与设计。为了让整个区域的发展有一个整体的构想与依据，政府先后编制和颁布了多部综合开发规划，如《国土计划设定纲要》、《国土综合开发法》（李荣欣，2018）。这些法规政策文件对于整个经济走廊的开发范围、开发规则有明确的规定，从全局的角度提出了区域的开发战略构想，并根据实际的实施情况适时对文件中的指标要求进行调整。目的是为了促进轴线内城市的互助交流和分工协作，充分发挥各市的积极性，让整个区域的布局更加地合理。

第二，合理布局中心城市和外部圈层的结构。整个东海道城市群的开发采用的是由点到线轴，最后再到面的方法，充分发挥中心城市东京、名古屋和大阪的核心增长极的作用，利用新干线、东海道高速公路等交通要道发挥辐射作用，促进要素、技术等充分流动，使得整个区域的城市成为一个紧密联系的统一体。如东京发挥其金融中心、工业中心、商业中心、科教中心的强大优势，临近小城市千叶和神川奈就可以发展与东京相互配套的工业和生产活动。通过整个区域大中小城市的合理规划与布局，经济一体化和整体竞争力空前提升。

第三，吸引和培育一大批创新创业型人才。实施全面的引才机制，通过启动实施“30 万留学生政策”，吸引海外的高科技人才留驻，为他们提供良好的科研资金支持和生活条件。鼓励企业与高校合作，建立产学研基地，企业为高校提供充足的科研项目基金的支持，高校则为企业输送定制化的人才资源，达到互惠共赢的目的。积极推行“特别研究员”政策，吸引高层次的青年研究人员赴海外进行交流学习经验，来带动区域内的创新创业活动（张洁，2018）。

第四，各城市产业协作程度高，特色鲜明。东京依托强大的影响力，重点发展金融行业、经济贸易等第三产业，与其邻近的横滨和川崎的电器制造业比较发达，印刷和出版业也占有较大的比重。大阪的石油化工业具有较大的优势，邻近的京都、神户等城市消费品生产比较发达。名古屋逐渐成长为重要的重化工业区，汽车和机械运输等是重要的产业支柱（毕翼，2010）。各城市之间分工协作明确，链条化明显，避免了产业的同质化竞争和产业基础设施的重复建设，实现了资源的合理调配和经济的有序发展。

四、推动沈大经济走廊高质量发展的建议

（一）加快沈大经济走廊总体规划设计，优化走廊营商环境

为了实现沈大经济走廊高质量发展，必须加快沈大经济走廊总体规划设计，具体有以下几点：

第一，成立沈大经济走廊开发小组，由省主要领导作为组长，市领导作为小组成员，提高整体的重视程度。由工作小组办公室专门负责，推进各项工作的进展与落实，省财政加大对于走廊项目的财政支持力度，各市级财政部门设立专项财政资金。

第二，省级人大通过立法的形式合理确定沈大经济走廊范围，基本形成以“沈阳和大连为两大核心城市，辽阳、鞍山、营口和铁岭四个地级市为主要节点，县级城市多圈层”的总体布局。突破行政区划的限制，廊内各城市通力合作，签订相关合作协议，建立走廊工程项目信息平台，完善六市协调资金技术保障机制，推进跨区域治理的形式向一体化和统筹化方向发展。

第三，派专门调研小组到各个城市考察调研，与大型企业负责人沟通交流，切实了解企业的现实需求，实地了解经济、社会、生态等各方面的发展状况。听取相关领域专业人士的建议，合理确定沈大经济走廊的发展目标。

第四，编制走廊的发展规划，明确经济走廊的主攻方向。落实到具体的方面便是培育自主创新企业，打造具有国际市场竞争力的产业集群，培育沈大经济走廊沿线创新创业带；发挥沈阳作为省会城市的优势，将沈阳打造成区域的高端制造中心、全国的物流重点枢纽和大型消费中心；发挥大连沿海港口的地理位置优势，尝试建设面向韩国和日本的自由贸易港口，加快大连建设成为东北亚国际航运中心的进程；加快交通网络等基础设施的建设，为要素的集聚和流动提供便捷的网络；注重经济走廊的生态和生活质量，依托现有资源打造精品旅游项目和一体化生活圈。

在优化经济走廊的营商环境方面，需要做好以下几点：首先，要做好减税降费的举措，将结构性减税与普惠性减税统一起来。对于重点扶持的企业、高技术企业和小微企业进一步深化增值税改革，降低企业的经营负担。其次，进一步缩减负面清单，相关的行政机关进一步简政放权。对于不必要的行政许可进行废除，简化审批程序，缩短行政审批的期限，给企业松绑，让企业入驻沈大经济走廊更加便利化。最后，要淘汰落后的法规制度，与国际上通用的制度进行接轨，对于地方保护主义要坚决进行打击，从而能够降低企业进入经济走廊的门槛，给企业营造一个公平合理有序的成长和竞争环境。

（二）点轴理论促进经济走廊合理布局

点轴理论是促进区域经济一体化高质量发展的重要途径。点轴开发就是在一定的地区范围内，确定若干有利发展条件的大区间、省区间以及地市间线状基础设施轴线，对地市间若干点予以重点发展（涂人猛，1993）。通过大城市的外溢效应，带动经济带内中小城市的扩张与发展；充分利用交通干线、能源运输线路等轴线，让要素技术等充分流动。沈大经济走廊充分利用点轴理论进行合理布局需要做到以下几点：

第一，促进城市节点的合理分布与发展。首先是打造好沈阳和大连这两个区域增长双极核，将二者建设成两个万亿级的重点城市；其次是促进廊内中小城市的发展。

沈阳作为东北亚和环渤海经济圈的特大都市，应该继续推动城市高质量发展的进程（邱爱莲，2019）。大力发展战略性新兴产业和高端制造业，注重现代化的经济体系建设。积极打造国际化、便利化的营商环境，用高水平开放来带动高水平发展步伐。建立健全招商引资的制度化优势，吸引全球创新型人才和资金向沈阳集聚，进一步扩大沈阳的影响力和辐射力。

大连应该充分利用其得天独厚的地理位置，打造陆海统筹产业联动的空间布局（沈毅，2019）。探索利用海洋新能源、大力发展海洋科技产业、积极挖掘海洋旅游文化资源、实现区位优势向经济优势的转化和发展。积极提升大连国家级和省级园区的竞争优势和创新优势，充分利用其园区的产业优势，逐渐向高端产业链进军。注重实体经济的转型升级和新型服务业的融合促进，构筑三大产业协调发展的经济发展局面。探索建立自由贸易港，使得港口不仅具有交通运输的功能，还进一步兼备贸易交流的作用。

辽阳、营口、鞍山、铁岭这四个小城市，要充分利用比较优势理论，积极发展城市的优势产业。积极做好承接沈阳和大连产业转移的准备，通过吸纳大城市的资金技术等对传统产业进行升级转型，提高产品的附加价值。

第二，发挥好交通网络的轴线作用。便捷的交通网络是串联大小城市形成的节点的重要载体，加强交通基础设施建设，可以让城市之间的要素和资源更加快速和高效地流动。哈大线贯通南北，将铁岭、沈阳、辽阳、鞍山、营口、大连这几个城市依次串联起来，是沈大经济走廊的重要发展轴，另外还有若干条国道和省道。走廊产业园区可以依托现有的经济网络进行布局，促进要素、资源的快速流动，形成集聚的规模效应。在现有的交通网络的基础之上，要进一步完善城际公路网，探索建设高密度、通勤性的城际铁路和轨道交通的建设，促进沈阳和铁岭、辽阳，大连和营口、鞍山之间的市域快巴的建设。让整个经济走廊的交通网络布局更加完善和多样化，不同城市之间的交流沟通更加便捷。

（三）加大创新、创业的支持力度和人才引进力度

创新是驱动发展的第一动力，通过创业可以将创新成果转化成现实的生产力，而高端人才则是创新创业的重要智力支撑。沈大经济走廊要实现高质量的经济发展，必须大力发展创新带、创业带，完善人才引进优惠政策。

2018 年沈阳拥有国家级工程技术研究中心 20 个，共有 549 个项目获得了国家自然科学基金的支持，全市有 47 所高等院校；大连共有 5 个国家级重点工程实验室，4 个工程技术研究中心，拥有科技企业孵化器 43 个，30 所普通高等学校。要充分利用现有的科技资源，洞察新一轮科技和产业革命发展动态。设立专项科技资金来鼓励重大科研项目的设立和开展，对核心和关键的前沿技术进行攻关。探索建立一批军民融合的创新科研基地，打造军民融合的创新产业高地，提升军民两用技术的联合研发创新能力，促进科技成果转化（科技与金融，2017）。制定优惠政策，吸引创新优势企业和研发机构到经济走廊内入驻，合作建立产业园区，促进科技成果落地和转化。建设经济走廊内的创新服务平台，实现城市之间产学研资源共享。完善知识产权保护力度，促进专利技术在沈大经济走廊内的成果转化。建立企业和科研机构、高校的合作机制，促进科研成果能够及时转化成现实生产力。鼓励科技人员以知识产权等新形式进行投资入股，使得科研机构可以充分享有研究成果的处置、收益、分配等各种权益。开发具有鲜明特点的众创平台和创新成果孵化空间，推动技术成果的产业化进程。打造具有吸引力和走廊特色的营商环境，积极进行招商引资。

通过辽宁省“兴辽英才计划”、沈阳市“盛京优才英才集聚培育计划”、大连市“领英计划”等项目推进专家资助和人才引进计划，让人才引进成为一种常态化机制。创建人才需求信息发布平台，及时准确更新创新型人才需求信息。对于特殊紧缺的人才引进，实行快捷绿色的办理流程，快速高效地解决户籍、医疗、住房、保险、子女教育等切身关切的问题，解决进驻人才的后顾之忧。探索简化优秀毕业生的接收、档案保存等一系列流程。对于引进人才的职称评定问题，可以根据实际研究成果和产品投放反映来进行合理的界定。鼓励沈大经济走廊内的企业与世界范围内的高校实行合作培养模式，从而能够实现所需创新人才的精准化引进。在海外高层次人才的引进上，可以简化相关入境办理流程，为其工作居留提供便利的条件。

（四）科学统筹谋划产业发展

沈大经济走廊要谋求高质量发展，迫切需要建立与之相适应的产业布局。沈大经济走廊内的各城市要根据自己的资源、工业传统、优势产业等情况科学谋划产业发展。

首先，要从全局上进行产业的合理谋划，避免城市之间因为产业同质化而出现恶性竞争。走廊产业发展要突出区位优势，深化城市之间的分工与合作，实现产业链条的纵向延伸，形成功能互补、错位发展的产业发展局面，提升经济走廊的竞争力。深化区域产业的分工与合作，让不同城市的资源和生产要素得到最有效利用，最终提高经济走廊的生产效率，带动整个经济走廊产业效益的提升。此外，辽阳、营口、鞍山、铁岭四个小城市可以积极抓住沈阳和大连产业更替和转移的机遇，促进传统产业技术的改造和升级。整个经济走廊要合理布局一二三产业，扩大第三产业的比重，加大力度发展高新技术产业，推进产业链条从低端向中高端迈进，提高经济走廊内产业的附加价值。

其次，各城市要审时度势，积极发展自己的优势产业。沈阳作为东北亚国际中心，要大力发展现代金融，将沈阳打造成具有重要国际影响力的国际金融中心。合理布局和建设大型的物流中心，完善物流集散网络，使沈阳成为重要的物流集散枢纽。将铁西打造成先进装备制造业基地，浑南地区重点发展电子信息产业、生物技术产业和航空等高科技产业，沈北重点集聚一批光电产业，积极淘汰落后产能产业（杨丽，2012）。形成信息化和产业化相互促进，战略性新兴产业占据重要地位的局面。大连应该大力支持石油化工、海洋工程、电子高科技技术、生物医药行业的发展。促进军民融合产业的发展，发挥大连在航空航天、网络软件、新材料、智能装备船舶及配套等一系列特色产业带发展。引导重点产业园区和产业示范基地的建设，延长产业链条。另外，大连要充分利用独特的海洋风情，打造精品旅游行业的发展。开发海洋旅游、温泉旅游、乡村旅游等生态旅游方式，将旅游产业与文化产业相结合，打造具有大连地方特色的文化旅游产品。辽阳应该支持现代商贸和物流产业的发展，建成高端商贸区，促进裘皮产业从生产到销售全链条产业链的发展。对于传统产业要进行产业结构优化和升级，发展壮大高端工业铝材以及深加工产品、芳烃精深加工、高压共轨等新兴产业和特色产业，加快建设农业深加工产业和特色农产品产业生产基地。鞍山作为著名的钢都，必须对传统的钢铁行业、菱镁产业和装备制造业等传统产业进行产业结构调整，在激光和新材料技术上进行技术攻关。培育和建设好新的经济增长点，走出一条科技创新、绿色发展、节约高效、附加值高的产业发展道路。营口一方面要在基础产业钢铁及深加工以及镁材料产品方面谋求新的发展；另一方面，要充分利用其地理位置优势，做大做强依托港口的现代物流产业。在特色产业方面，要重点培育乐器产业和汽车保修设备等产业集群。铁岭的经济发展水平在整个经济走廊比较靠后，要充分利用丰富的农产品资源，发展特色农产品加工业，将旅游业和农业相结合，打造休闲农业和乡村旅游业等特色旅游项目；继续做大做强铁岭专用车生产企业，积极承接沈阳的产业转移。

参考文献

[1] 杨振山、吴笛、程哲：《区域经济合作视角下经济走廊的类型与影响》，载《区域经济评论》2018 年第 3 期，第 21 ~ 32 页。

[2] 唐颖：《宁沪杭甬高速公路走廊及其城市联系特征研究》，上海师范大学，2014 年。

[3] 杨小娟、徐邓耀：《嘉陵江经济走廊构建的基础和前景分析》，载《现代商贸工业》2018 年第 14 期，第 1 ~ 3 页。

[4] 孟祥林：《京津冀一体化背景下“京承城市走廊”发展对策的区域经济学分析》，载《城市》2015 年第 1 期，第 26 ~ 32 页。

[5] 何传新：《构筑济泰经济走廊发展战略研究》，载《环渤海经济瞭望》2009 年第 6 期，第 8 ~ 12 页。

[6] 李春艳、田爱国：《哈大齐工业走廊区域经济协作创新机制研究》，载《商业时代》2011 年第 36 期，第 118 ~ 119 页。

[7] 万哨凯：《昌九工业走廊经济一体化发展研究》，载《商场现代化》2016 年第 27 期，第 214 ~ 215 页。

[8] 肖建：《沪嘉杭 G60 科创走廊建设的 SWOT 分析》，载《当代经济》2018 年第 6 期，第 58 ~ 61 页。

[9] 段艳红、何悦、胡品平：《基于广深港科技创新走廊的区域创新协同发展新探索》，载《广东科技》2018 年第 8 期，第 70 ~ 72 页。

[10] 邵士官：《鲁南经济带“城市走廊”战略研究》，载《中国人口·资源与环境》2010 年第 2 期，第 167 ~ 171 页。

[11] 宋虹：《美国 128 号公路创新廊道》，载《东莞日报》2017 年 6 月 12 日（A07）。

[12] 王志宪、虞孝感：《江苏沿江地区城市走廊规划建设构想》，载《规划师》2005 年第 4 期，第 25 ~ 29 页。

[13] 李继东：《论广武经济走廊拓展与整合战略》，载《科技进步与对策》2010 年第 18 期，第 38 ~ 41 页。

[14] 李春连：《做好三篇文章是建设黔桂走廊经济带的重点》，载《广西日报》2012 年 2 月 9 日（008）。

[15] 徐寅生：《以点轴模式促进长吉一体化发展》，载《长白学刊》2011 年第 5 期，第 113 ~ 115 页。

[16] 薛亮:《世界重要城市群管窥》,载《上海人大月刊》2019年第4期,第50~51页。

[17] 李荣欣:《日本东海道城市群建设启示录》,载《前线》2018年第4期,第76~78页。

[18] 张洁:《发达国家高层次创新创业型人才开发的政策与启示》,载《科教文汇(下旬刊)》2018年第11期,第151~152、160页。

[19] 毕翼、孙彤:《日本东海道城市群发展及其对沈阳的借鉴意义》,载《沈阳师范大学学报(社会科学版)》2010年第1期,第44~45页。

[20] 涂人猛、周茂权:《点轴理论与区域经济布局》,载《经济问题探索》1993年第4期,第18~20页。

[21] 邱爱莲:《实施开放创新双轮驱动,推动沈阳高质量发展——关于沈阳实施开放创新双轮驱动的对策建议》,第十六届沈阳科学学术年会论文集,2019年。

[22] 沈毅:《大连高质量发展的区域经济布局:体系构建与基本路径》,载《大连干部学刊》2019年第12期,第12~18页。

[23]《细说广深科技创新走廊(上)》,载《科技与金融》2017年第3期,第5~8页。

[24] 杨丽:《区域经济格局变动下沈阳产业结构调整的对策》,第九届沈阳科学学术年会论文集,2012年。

Research on High Quality Development of Shenyang – Dalian Economic Corridor

LI Jing　WANG Jiyu

Abstract: The construction of Shenyang – Dalian economic corridor is an important strategic measure to optimize the spatial layout and promote the revitalization and development of the whole region in the new era. The Shenyang – Dalian Economic Corridorruns through Liaoning Province and has obvious geographical advantages. There are many traffic arteries in the economic corridor, gathering most of the province's scientific and technological strength. However, there is a lack of unified planning, poor business environment, no good development trend within the region, serious brain drain and unreasonable industrial structure. In order to promote the high-quality development of Shenyang – Dalian economic corridor, this paper draws lessons from the experience of western Japan's territorial axis development and proposes the need to speed up the overall planning and design of Shenyang – Dalian economic corridor and optimize the business environment. Using the point-axis theory to make a reasonable layout of the economic corridor, give full play to the radiation and driving role of Shenyang and Dalian; Actively introduce high-level talents to create an atmosphere of innovation and entrepreneurship in the entire economic corridor; Cities should fully develop their own advantageous industries, carry out technological transformation and upgrading of traditional industries, and realize the off-peak development of industries.

Key words: Shenyang – Dalian Economic Corridor High quality development Point axis theory Industrial upgrading

后疫情时代政府主导型直播电商对辽宁振兴的影响分析

赖钰玲 陈慧颖*

摘　要：后疫情时代，随着互联网产业化布局的加快，政府主导型直播带货已然成为当下促进辽宁省经济复苏的常见手段之一。本论文着眼于目前全国各地井喷式出现的政府电商直播现象，从政府主导型直播电商出现的必然性、主要模式或特点、面临的困难、改进方式等几个主要方面，详细剖析了后疫情时代政府主导型直播电商对辽宁经济振兴的影响。

关键词：辽宁　直播电商　后疫情时代　政府主导

一、引　　言

爆发于2020年1月的新冠肺炎疫情对中国的社会经济造成了巨大冲击。疫情期间人们将消费需求更多地转移到网上，在线教育、视频娱乐、远程会议、在线医疗、网上购物、电商平台等不依赖人员空间物理移动的“非接触式”数字经济业态迎来了快速发展的“线上时代”。受疫情影响，2020年一季度全国网络零售市场规模与上年同期基本持平。2020年一季度中国网络零售市场报告数据显示，1～3月全国网上零售额达2.22万亿元，同比下降0.8%，但降幅比1～2月收窄2.2个百分点。

在后疫情时代，社会经济亟须恢复。政府采用了多种手段来促进社会经济恢复，其中，电商直播成为市场中的热点话题。电商直播在当下时代具有巨大优势：（1）得益于互联网的迅速发展，直播作为一种新型媒体具有巨大的潜在经济学价值。第45次

* 作者简介：赖钰玲（1996～），女，重庆人，辽宁大学广播影视学院硕士研究生，研究方向：戏剧及影视艺术产业，电子邮箱：785961913@qq.com。陈慧颖（1976～），女，辽宁沈阳人，辽宁大学广播影视学院教授，经济学博士，主要从事文化产业理论研究，通讯作者，电子邮箱：1419145166@qq.com。

《中国互联网络发展状况统计报告》数据显示，我国网络购物用户规模达7.10亿人，手机网络购物用户规模达7.07亿人。（2）电商直播带货在新冠疫情之前已显现出了巨大的促销价值。2019年直播电商的总成交额约超3000亿元，有望向万亿体量冲击。鉴于当下互联网的迅速发展及普及，电商直播带货在当下的后疫情时代具有较强的经济推动作用。

疫情之下，辽宁省整体经济发展受挫，社会生产及国民消费增速变缓。为刺激带动省内经济消费增长，辽宁省政府利用电商直播，在带动滞销农产品、精准扶贫等方面发挥了积极的作用。2020年1~4月，辽宁省农产品网络零售额达50.8亿元，同比增长92.3%。辽宁省商务厅与阿里巴巴集团合作开展辽宁兴农扶贫“村播计划”，免费给辽宁省贫困地区开通淘宝直播号；为鼓励在各类电商平台开设扶贫馆，省商务厅协同辽宁省妇联在京东平台创立全国首家“巾帼扶贫馆”。此外，辽宁省多个城市村镇的第一书记、县长也走进直播间，为当地农副产品代言推荐。

本文着眼于目前全国各地井喷式出现的政府电商直播现象，从后疫情时代政府主导型直播电商出现的原因、存在的模式或特点、面临的困难、改进方式等几个主要方面，详细剖析了后疫情时代政府主导型直播电商对辽宁经济振兴的影响。

二、后疫情时代政府主导型直播电商涌现的必然性

（一）辽宁省国民经济亟待恢复

疫情暴发前期，受必要的交通、经济、社会等管控措施影响，辽宁省经济发展势头受遏，社会生产及国民消费增速变缓。据辽宁省统计局2020年第一季度数据显示，整体经济发展态势呈现同比负增长（见表1）。地区生产总值下跌逾7.7%。工业方面，同比下跌逾8.5%；社会消费品（包括粮油等生活必需品）同比下跌过24.8%；进出口总额也不同程度受到了负面影响。在此等严峻的经济发展受挫的情况下，如何遏制经济“负增长”，稳定社会秩序，刺激国民消费以拉动地方经济，从而继续稳步增进社会福祉与居民幸福感，无疑是当下后疫情时代的政府施政的主要目标。

表1　　辽宁省2020年第一季度国民经济主要指标

指标	单位	1~3月	比上年同期增长（%）
地区生产总值	亿元	5082.1	-7.7

续表

指标	单位	1~3月	比上年同期增长（%）
规模以上工业增加值	亿元		-8.5
全社会货运量	万吨	25916.5	-20.1
电信业务总量	亿元	740.8	29.3
邮政业务总量	亿元	53.1	22.1
固定资产投资	亿元		-16.2
社会消费品零售总额	亿元		-24.8
进出口总额	亿元	1717.2	-2.4
出口总额	亿元	635.2	-17.9
进口总额	亿元	1082	9.8
一般公共预算收入	亿元	620.9	-16.9
一般公共预算支出	亿元	1214.7	-6.5
居民消费价格总指数	%	104.8	4.8
工业生产者购进价格指数	%	100.3	0.3
工业生产者出厂价格指数	%	99.1	-0.9
城镇常住居民人均可支配收入	元	10197	-1
农村常住居民人均可支配收入	元	5795.3	8.6

资料来源：据辽宁省统计局官网数据计算、整理而成。

疫情肆虐时期，社会工商业生态平衡被破坏，复工复产需求与当下萎靡的经济以及急剧减少的就业岗位现状相矛盾，从而导致中小微企业的发展举步维艰，许多企业纷纷宣布破产。大部分上市企业均遭受营运利润下降，经营现金流减少、资产负债率提高等多重打击。疫情暴发后，各地政府和相关部门采取了严厉的防控措施，集中表现为限制辖区内人员流出和禁止辖区外人员流入两种类型，导致劳动力的供给在短时间内出现断崖式下跌。辽宁省 2020 年工业增加值累计增长持续告负（见图 1），无法维持 2019 年度同月的高增长率。持续的经济发展受挫极易带来通货紧缩，并极大地损害辽宁省的经济发展。目前，亟须根据当下经济发展态势，结合国际及国内局势，全面而深入地探讨产业结构优化转型，以政府为主导，克服市场经济的弊端，从而引领辽宁省国民经济复苏。

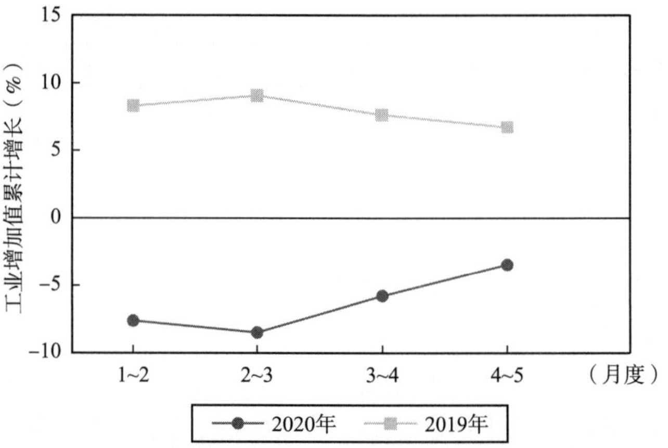

图1　辽宁省2019年与2020年同月工业增加值累计增长率对比

资料来源：据辽宁省统计局官网数据计算、整理而成。

（二）互联网模式下的新兴产业

近年来，基于互联网模式下的新兴产业，如云计算、大数据+、电商直播等，在极大程度上起到推动地方经济发展的作用，并成为当前的国民经济发展的核心环节。截至2020年3月，我国网络支付用户规模达7.68亿人，较2018年底增长1.68亿人，手机网络支付用户规模达7.65亿人，较2018年底增长1.82亿人。辽宁省通信管理局发布的数据中显示，截至2020年5月，辽宁省移动互联网用户达4076.25万户，全省移动电话基站总数达28.97万个，其中5G基站数9317个。庞大的用户群体和优质的基础设施建设，让互联网直播得以快速发展。而电商直播的力量不可忽视。作为一个全新的互联网产业，电商直播发展4年时间以来，激发了巨大的新经济能量，全国掀起了电商直播经济的新浪潮。阿里研究院发布的2020年淘宝直播新经济报告显示，2019年淘宝直播已积累4亿用户，全年平台总成交额突破2000亿元，其中“双11”当天直播平台总成交额突破200亿元。而在后疫情时代，实体店铺多难以为继，线上电商的重要性逐渐凸显，并成为当下促进经济复苏的最佳选择。

当下互联网及互联网相关产业的迅速发展给直播电商带来了巨大的发展机遇。首先，线上支付手段迅速普及，这种支付手段具有较强的公信力，逐渐取代传统实体货币交易而成为当下互联网时代的主要交易方式，使后疫情时代的直播电商带货中的商品—货币流通成为可能，并规避了当下常态化的社会、交通等疫情防控措施对商品—货币流通的影响。其次，跨界网络大平台的发展，例如淘宝、京东等一系列具有售后保障的电子商务平台，极大地便利了商品—货币流通，并更新了其流通方式。另外，各大社交媒体竞相建立，给直播电商带货这种销售方式提供了坚实的平台基础。这些证据表明电商直播带货作为网络时代的一种新兴的营销模式具有巨大的经济拉动潜力，可以作为后疫情时代恢复经济的重要手段，推动产业结构优化转型，缓解当下的就业困境，并提供了技术可能。

三、辽宁省政府主导型直播电商发展特点

（一）以点带面，多方发展

政府主导的电商直播产业的鲜明特征表现在建立电商直播孵化基地，辐射周边地区，引领区域直播带货的发展。疫情给辽宁省实体经济的发展带来了挑战，也带来了新的机遇。线下实体零售业消费的骤然遇冷的同时，激发了线上电商直播的火热升温。为激发实体经济的活力，辽宁省多个城市开始创建电商直播产业孵化基地。沈阳浑南国家电子商务示范基地是产业集聚发展优势明显的电子商务平台，以承载力强、辐射范围广、创新力度大的特点，在 2019 年商务部年度百强基地综合评价中获得第二名，并入选《国家电子商务示范基地建设案例集》。葫芦岛斥资 2000 万元建设电商直播基地，以“买全国卖全国”为战略布局，将本地特产纳入直播电商推广，着力打造成为一个直播、仓储、展示三位一体的直播基地。直播基地可提供培训服务、操作方法与技巧等，通过人设建立、关系打通和商品运营有机结合。基地以大胆的创新模式和紧跟市场潮流，将线下实体销售的单一形式转化为线上线下结合的营销模式，在“培训 + 平台 + 带货”的形式下，通过培养专门的带货人才，组织人员知识培训，搭建专业化的直播间等措施，给商户提供便利的电商销售条件，也给线下实体经济的可持续发展提供新的机遇。此外，辽宁省教育厅和省内各大高校为电商基地搭建合作平台，成立辽宁省电商产业校企联盟，深入开展高校与企业、相关产业集群、政府合作。旨在利用高校学科专业优势，培育优秀人才，促进辽宁省电子商务发展。

这种“以点带面，多方发展”的特征具有极大的时代利好及促进当下经济发展的潜力。首先，相比于传统电商平台，电商直播带货是一种较新的线上销售方式，其立足于逐渐普及化的网络直播平台，通过直播的方式进行产品销售。这种较新的线上销售方式显然尚未达到全民普及，其影响力不及传统电商平台。政府通过建立直播基地，以点带面，政府官员亲自进入直播间来促进产品销售。基于政府在广大群众中强大的公信力基础，这种新的线上销售方式开始迅速地被民众广泛认可，从而使直播电商带货这一个新生事物的群众基础迅速加深，短时间内极大地促进了社会消费的提高，促进了辽宁省经济发展。其次，直播电商产业极大地依赖于主播的个人能力，包括个人表现力及临时应变能力。个人能力强公信力高的主播单位时间销售额会更大。

从辽宁省直播电商发展来看，个人能力较高的主播其促进经济复苏的作用也就越大。政府通过建设直播基地，政府官员身先士卒，做出表率，树立良好的直播电商主播范例。同时，借鉴市场反响好的民营企业的电商直播的主播们表现范例，迅速提高直播电商主播的个人能力及个人魅力，充分发挥直播电商带货这一新兴产业的优势，助力辽宁省经济复苏。最后，鉴于当下直播电商作为一个新兴的产业，其行业标准或者行业标杆还不完善，行业的职业道德同样也不完善，亟须对这一产业规范化，使其契合社会主义核心价值观，规避直播电商产业的弊端，从而促进辽宁省的经济恢复。政府建立直播基地，从社会经济学角度来说属于政府主动加强宏观调控，利于使这一特殊时期下的电商直播产业化、规范化，使其更好地为辽宁省的经济复苏服务。政府的深度参与及建立直播基地还有利于发挥引领作用，树立行业标准及建设行业标杆，使电商直播带货这一新兴产业迅速地走上正轨，长期的、可持续地为辽宁省的经济发展做出贡献，而不仅仅限于后疫情时代的特殊时期。当下后疫情时期的电商直播产业的这一鲜明特征，有利于把控产业发展方向，持续地促进辽宁省的经济复苏，从而增进人民幸福感。

（二）政农商深度合作，建立特色品牌

电子商务的迅速崛起，在城市和农村呈现两极化态势，相较于快速发展的城市地区，农村地区发展缓慢。就辽宁省农产品营销，还存在销售渠道单一、宣传受限于传统媒体、沿用传统销售模式的诟病。例如，沈阳县域地区的农民合作社发展处于起步阶段，由于组建模式层次低、规模小、经营模式单一、资金链薄弱等特点，还停留在简单的农产品生产和销售环节。诸如此类的种种城乡差异，及农村的偏远地区的地域限制，给农村经济快速发展的目标蒙上了阴影。当下“互联网＋”的迅速普及给农村等偏远地区的产品销售提供了新的机遇。随着各大电商平台及当下电商直播带货的迅速发展，借助这种新兴产业，可以使地域特色农副产品的曝光率迅速提高，从而极大地促进了农村等偏远地区的农副产品的销售，有利于迅速推进全面脱贫目标，增加农村人口的平均收入水平，增加农村人口的社会幸福感。

后疫情时代，辽宁省政府与农商展开深度合作，打响地方特色品牌，促进社会主义市场经济体制下的良性竞争。例如，在朝阳市，辽宁省商务厅联合抖音，开展了“抖音有好货·县长来直播”活动，以推动地方特色陈醋、紫砂壶等产品销售。辽宁省商务厅还召开“推进电商直播，促进网红经济工作座谈会”，邀请电商联盟等大型商业组织和公司，为辽宁省经济复苏献策。诸如此类的深度合作促使社会主义核心价值观引领下的市场经济跨入了新的时代，有利于推进辽宁经济的发展与建设。政农商深度合作也有利于打响地方品牌，帮助偏僻地区的农产品“走出去”，加快全面脱贫进度及建设全面小康社会的步伐。

四、后疫情时代政府主导型电商直播的困境与可能的解决方案

（一）关于政府在特殊时期的经济干预

后疫情时代是极为特殊的一段时期，表现在对内持续的交通、社会、经济等管制，对外放行策略收紧。在对内政策上，防疫措施常态化以预防潜在的新冠病毒点状爆发。诚然常态化的防疫措施极大程度上控制了新冠病毒的蔓延，但是不可否认的是，它对国内的经济发展模式、产业结构、社会关系造成了较大的冲击，并且这种冲击在未来还将持续相当长的时间。我国经济体制实施的是社会主义市场经济，即宏观调控下的、社会主义核心价值观引领下的市场经济。鉴于此次特殊时期对经济基础的冲击，加强宏观调控从而适应并引领经济的持续发展，保持社会稳定。市场经济体制具有固有的弊端，在当下，市场经济自身已无法通过自发调节各种生产关系来适应当前的后疫情时代。为避免周期性经济危机，必须加强宏观调控，指引特殊时期的市场经济发展。不加管控的市场经济会带来严重的市场原教旨主义，导致两极分化、垄断、生产过剩，周期性经济危机等现象，不利于社会生产力的长久发展。美国作为贯彻市场经济的代表性国家，在此次疫情中美股连续熔断 4 次，对国际金融造成了巨大的冲击。究其根本原因，在于单一市场经济的固有的弊端，疫情只是作为导火索加速了其内部矛盾的爆发。鉴于市场经济存在的弊端，理应加大宏观调控力度，引导和规范市场经济的工具价值，从而使其为社会主义发展而服务。政府大力提倡直播带货，及政府官员亲自主播带货，各级部门纷纷颁布便利条款，其实质即为政府对目前后疫情时代的经济进行宏观调控，以期逆转经济萎靡，并使当前的市场经济发展方向符合当下的时代潮流。宏观调控证明了其正向推动市场经济发展的优越性。只有加大宏观调控力度，才能使直播电商这一新兴的极具潜力的产业服务于社会主义经济复苏或发展。加大宏观调控力度可以从以下几个方面着手：（1）出台相关政策，便利直播电商的发展。在当下的后疫情时代，原有的经济政策显然有其局限性，实体经济大幅萎靡，各行各业受挫。故必须将经济建设重心向互联网相关行业例如直播带货倾斜，以期扭转当下的经济萎靡，拉动经济腾飞。（2）加强社会主义核心价值观建设。鉴于市场经济的局限性，以及当下我们处于社会主义初级阶段，电商直播的内容应该符合社会主义核心价值观。目前的公益项目的推广，响应国家扶贫项目等都是体现了社会主义的核心价值观。

（二）关于物流供应链

受疫情、疫情防控措施、人员复工复产等因素影响，物流行业运力受到很大影响。加之现今直播电商带货的兴起，对物联网运力的要求则更高。2020 年上半年，辽宁省快递业务量完成4.62 亿件，同比增长29.77%，这无疑需要更高效率，更大运力的物联网支持。农副产品在运输中要求保鲜设施，物流滞后必然会损坏商品质量，我国农产品以水果一类为例，在物流运输和储存中由于冷链保鲜技术的落后，损耗率达到了 25% ~30%。

（三）关于居民消费能力

新冠肺炎疫情暴发以来，辽宁省居民消费价格分类指数逐月下降（见图 2）。居民消费欲望下降，相应的辽宁省内市场趋于萎靡。虽然政府直播电商在促进辽宁省经济恢复上发挥了很大的作用，例如锦州市举办电商直播界短短两日成交额接近 1.2 亿元，但是对于上半年辽宁省经济回升仍是作用有限。居民消费需求的下降无疑阻碍了辽宁省的经济发展，当务之急是必须促进辽宁省居民消费能力的提升。首先，积极推进政府的宏观调控，以适应当下的经济发展态势；其次，优化产业结构，推进产业结构转型，以解决就业及复工复产的问题；最后，辽宁省需打响自身地方品牌，从而吸引资金流，推动相应企业的发展，并促进省内居民的消费欲望及能力。

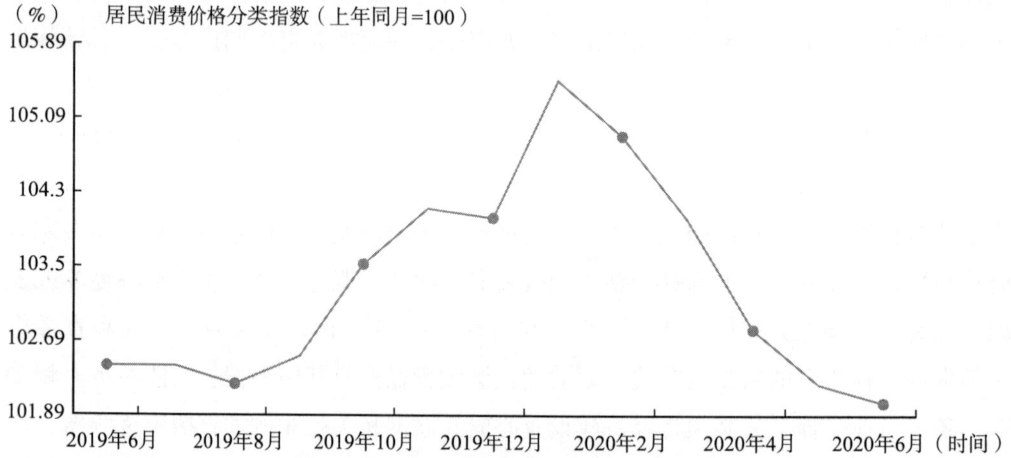

图 2　辽宁省居民消费价格分类指数分月数据

资料来源：据辽宁省统计局官网数据计算、整理而成。

（四）关于政府官员引领直播带货

受时下疫情影响，辽宁省多地农副产品销路受阻，经济涨势见缓。为促进地方农业经济的恢复，辽宁省内多地的政府官员走进直播间，身先士卒地宣传当地特色农产品。2020 年 7 月，辽宁省 12 名第一书记携手腾讯大辽网，作为带货主播助力脱贫攻坚。此次直播带货产品类型包括药材山货、农副产品、新鲜水果等，极大地促进了当地特色产品的销量。政府官员引领直播带货的确能推动当地“互联网 +”模式的农业经济恢复，但是，在政府官员逐步撤出电商直播后，如何持续保持经济增速是一个潜在的问题。当下的解决方案可考虑加强普及当地居民“互联网 +”的意识，培训一批直播带货的当地领军人物，从而持续地带来经济增速。

（五）关于产品选择与售后

商品的选择在电商直播中是最重要的一环。政府在直播过程中，销售的商品以当地特色农产品、水果、海产等为主，例如，辽宁省大连市副市长在直播中推荐大连的樱桃、海鲜；喀左县副县长在直播中推广陈醋、小米等特色产品。选择具有当地特色的农副产品能极大地增加消费者的品牌认知度及地域认知度，有利于及早打响当地特色品牌，使经济保持持续稳定的发展。故而，必须谨慎地选择电商直播带货的商品。

领导干部直播以助农扶贫为目的推广农特产品，帮助疫情期间企业复工复产和农民农产品销售，如何保证直播间商品对消费者有吸引力，商品的售后问题的解决是目前亟须解决的。

五、结　　语

后疫情时代，在整个国民经济因疫情而受到打击之后，政府主导型直播电商给经济发展注入了新的活力，推动了辽宁省的经济复苏，并促进了产业结构优化转型。多种数据表明，电商直播这一新兴产业为辽宁省内企业发展、复工复产、居民消费等各项矛盾缓和发挥了积极的作用。在直播电商快速发展的过程中，政府主导型直播电商的出现具有鲜明的社会主义特征，即在政府的引领下，加大宏观调控力度，以点带面，推动辽宁省各区域经济的综合发展，尤其是农产品销售增长。同时，我们也应该清醒地看到政府主导型电商直播存在的局限。目前电商直播巨大的销售额案例主要还是来自于市场行为。政府关于电商直播的大部分商品属于国家扶贫项目的范围。短期内，我们看到了政府主导型直播电商对辽宁经济的积极的作用和影响。从长期来看，如何使政府主导型电商直播的商品和市场中消费者的需求相契合，促进市场良性向好发展，全面促进经济繁荣，成为一个需要思考和解决的问题。另外，当下仍存在物联网运力不足，居民消费能力下降等问题。政府需要采取积极措施，克服政府型直播电商存在的局限，进一步使该产业在辽宁振兴的过程中发挥积极作用。

参考文献

[1] 朱旭东：《后疫情时代产业园区的数字化运营》，载《中国信息界》2020年第3期，第60~62页。

[2] 中国互联网络中心：《第45次中国互联网络发展状况统计报告》，http://www.cac.gov.cn/2020-04/27/c_1589535470378587.htm，中国网信网，2020年4月28日。

[3] 杨洁：《直播带货给力复工复产未来有望冲击万亿规模》，http://www.cs.com.cn/cj/hyzx/202004/t20200408_6042904.html. 2020-4-8。

[4] 张凯煌、千庆兰：《新冠疫情对中国经济的影响及政策讨论——来自上市企业的证据》，载《热带地理》2020年第3期，第396~407页。

[5] 钟瑛、陈盼：《新冠肺炎疫情对中国宏观经济的影响与对策探讨》，载《理论探讨》2020年第3期，第85~90页。

[6] 辽宁省通信局：《2020年5月份辽宁省通信业经济运行情况》，http://lnca.miit.gov.cn/xxgk/txfz/202006/t20200619_3884554.html，辽宁省通信局网，2020年6月19日。

[7] 杨晓猛：《直播基地激活产业带的思考与启示》，载《大连日报》2020年6月29日（006）。

[8] 孙天媛、姜新：《试述乡村振兴背景下农产品网络营销研究——以辽宁为例》，载《商讯》2020年第1期，第3~4页。

[9] 何序哲、孙宁遥、王妍：《沈阳发展乡村特色产业的对策》，载《沈阳大学学报（社会科学版）》2020年第3期，第311~316、322页。

[10] 韩佳君：《把市场关进社会主义的笼子里——论社会主义视域下市场经济弊端的规避》，载《濮阳职业技术学院学报》2015年第5期，第74~76页。

[11] 杨芷熠：《新冠疫情下国际金融危机浅析》，载《当代县域经济》2020年第7期，第91~93页。

[12] 李佳：《快递物流之疫情“新局”》，载《中国邮政报》2020年4月22日（004）。

[13] 张琳超：《保障农副产品流通写好服务民生答卷》，载《中国邮政报》2020

年 6 月 24 日 (004)。

[14] 郭尔卓、郝艺婷、张佳伟、张琦：《新型冠状病毒疫情对物流末端配送的启示》，载《经济师》2020 年第 6 期，第 48 ~ 49 页。

Impacts of Government-led e-commerce on the Economic Revitalization of Liaoning Province After COVID -19 Breakout

Lai Yuling　Chen Huiying

Abstract: As the Internet-associated commerce has industrialized, government-led e-commerce basing live platforms was prevailed and becoming a major resort to revitalize the economy of Liaoning province in the post-epidemic time. The present study focused on the recently booming government-led e-commerce across the province, systematically dissected the impacts of government-led e-commerce on the economic revitalization of Liaoning province after COVID - 19 breakout, from aspects of its necessity and characterized feature, difficulties encountered and potential resolves.

Key words: Liaoning Province　live e-commerce　post-epidemic era　government-led

我国城市公用事业 PPP 改革发展研究*
——基于政府治理能力现代化的视角

任晓聪　边雪凤**

摘　要：在城市公用事业领域推广运用 PPP 模式，创建公用事业 PPP 改革的创新理论体系框架，实现政府治理能力现代化，不仅能为加快政府治理能力现代化提供思路，还能成为推进治理体系和治理能力现代化的重要助推器。但当前我国城市公用事业 PPP 改革存在一系列问题：城市公用事业 PPP 模式契约精神不足、缺乏 PPP 专门法律规范和相应监管评估体系、融资模式缺乏创新，不能与现有金融体系相适应。因此需要打破行业垄断，拓展私人企业进入公用事业的渠道路径、提升政府契约精神，加大对 PPP 项目的支持力度，以加强政府有效监管、优化国家治理体系。

关键词：公用事业　PPP　规制改革　治理能力

一、引　言

随着我国经济社会的快速发展，城市化进程加速推进，城市人口也迅速增长，作为城市文明基本标志、承载城市经济发展和民众基本生活载体的城市公用事业已不能满足城市居民的日常生活，并在一定程度上阻碍了城市化进程的进一步加快和城市经

* 基金项目：2019 年度辽宁省社会科学规划基金青年项目“东北地区城市公用事业 PPP 改革发展研究”（L19CJL004）。

** 作者简介：任晓聪（1986～），河北平山人，辽宁大学经济学院副教授，经济学博士，研究方向：规制经济；边雪凤（1995～），山西朔州人，辽宁大学经济学院硕士研究生，研究方向：规制经济学。

济的健康发展。2017 年 4 月，国务院办公厅指出要拓宽城市公用事业投融资渠道，充分调动社会资源，利用政府和社会资本合作（PPP）等方式推动城市公用事业供给侧结构性改革。公私合作（PPP）是以市场化和社会化方式建设城市公用事业和提供公共服务的管理模式的改革，是提高城市基础设施建设和公共物品供给质量与效率的一种制度安排，是推进社会性规制强化市场监管的有效途径，可以有效降低和分散公共服务和基础设施建设的整体风险，加快城市公用事业建设步伐，提高公共物品供给效率。在此背景下，积极推动城市公用事业 PPP 改革，探寻城市公用事业基础设施有效供给路径，加快城市化建设进程，对兜底民生提升城市居民生活质量，增强人民群众获得感、幸福感、安全感意义重大。

基于城市公用事业 PPP 改革角度，提升政府治理能力现代化的逻辑在于：首先，基于 PPP 立法角度的公私利益冲突的平衡，明确 PPP 领域立法，为公用事业 PPP 模式的利益分配及风险分担等环节设立法律基础，是推动我国公用事业 PPP 模式发展的重要途径。建立完善监管体系和结构，明确各部门的功能与职责，分工明确防止监管交叉和监管空白。其次，基于 PPP 契约角度的政府职能的定位，PPP 模式应通过契约化方式实现公私部门的权责划分，要求政府需要打破传统体制下政府和国企之间的垂直管理科层关系，通过市场竞争机制及其法律规定履行其责任，确定政府角色明确政府职能定位，以公开和透明的方式对 PPP 项目进行竞争性谈判势在必行。最后，基于 PPP 监管角度的创设以提升效率为核心的独立监管体系，高效和科学的监管体系是推动公用事业 PPP 模式发展的必要条件和重要影响因素，不同监管部门之间的监管权力分配又决定了 PPP 项目的发展质量，需要根据我国城市公用事业的行业特征，进行分类监管并创新监管体系，是当前我国 PPP 模式改革与发展的重要方向。因此，立足于 PPP 新视角划分政府市场职能界限，持续推进理论创新、实践创新、制度创新，分析城市公用事业 PPP 改革与政府治理能力现代化的关系，着力提升新时代政府在与民生密切相关的公用事业领域改革发展中的监管能力，完善国家治理体系，加快治理能力现代化建设，实现助力高质量高品质发展的有效监管，把我国制度优势更好转化为国家治理效能，具有重要意义。

二、文献梳理

PPP 模式本身是一种较为宽泛的概念，其概念最早来自于英国。在 PPP 提出之前，PPP 模式也被广泛称之为特许经营、建设—经营—转让及私人融资倡导等。由于各国对 PPP 的内涵理解不一，因此 PPP 模式在不同的国家和地区有着不同的内涵。例如，联合国（United Nations Institute for Training and Research，2000）提出 PPP 模式具有两种含义，一是公私合作关系，即要如何平衡公私关系以保证公共基础设施建设；二是具体的经营与管理，主要是在确立公私合作关系基础之上如何分配投资、建设、经营及管理等内容。欧盟（The European Commission，2003）也将 PPP 模式定义为公私合作关系，其目的就是为了满足社会对公共物品的需求。美国 PPP 国家委员会（The Nations Council for PPP，2002）认为 PPP 是介于外包和私有化之间的一种合作模式。PPP 可以利用私人资本优势对部分公共物品进行投资、建设和经营，以达到满足社会公共物品需求。我国学者雒亚龙（2003）从国际 PPP 发展现状出发，认为 PPP 模式是一种公私合作的城市建设模式，可以称之为国家与私人合作经营的企业，其典型结构模式为政府以采购形式与中标单位签订特许合同，而中标单位会负责项目的筹资、建设及经营。刘晓明（2004）认为 PPP 模式就是为了满足公共物品需求而产生的，因此直接将 PPP 模式以公用事业合作化来代替，其合作基础是政府为公众提供公共物品，私人企业获得合理利润。综上而言，PPP 模式应当是一个宏观宽泛的概念，而不是具体的某种融资模式。即 PPP 模式是一种涉及政府和私人资本长期合作的关系。在此关系背景下，政府和私人资本各自发挥优势，通过利益共享、风险共担的原则，以实现公共物品的生产和供给。

城镇化建设进程的加快，城市公用事业已不能满足城市居民的日常生活，并在一定程度上阻碍了城市化进程的进一步加快和城市经济的健康发展（王俊豪等，2013）。由于公用事业关系民生，不仅具有较强的自然垄断性，同时也具有较强公益特征（和军等，2016）。因此，对于具有逐利特征的私人部门而言，如何在 PPP 模式中实现公共利益和私人利益的平衡，是目前 PPP 模式发展与应用的重点和难点，也决定了 PPP 项目的成败。从法律角度而言，协调公益和私益问题必须要跳出公法和私法的二元困境，过于强调私法会导致公共利益受损，而过于强调公法则会降低私人资本对公共事业建设的积极性。付金存（2015）认为在现有的制度背景下，中国公共事业 PPP 模式存在政府职责定位不清、风险分担不清、投资回报监管目标无法兼容及监管全力分配失衡等问题。王俊豪等（2017）从公共事业 PPP 模式的风险与监管需求角度入手，认为公共事业 PPP 模式在实施过程中存在一系列风险，包括：法规政策风险、社会风险、政府信用风险、政府干预风险及道德风险等。同时，现有的公用事业 PPP 监管制度存在诸多缺陷，包括：PPP 相关政策不全、PPP 监管权力分散以及缺乏科学的绩效评价方法等。

三、我国城市公用事业PPP改革的背景、动因

（一）我国城市公用事业PPP改革的背景

自1949年新中国成立以来，直至改革开放以前我国一直实行计划经济发展模式。在此时期内，我国采用政府大包大揽模式对公共服务进行供给，依靠众多数量的国有企业及事业单位向社会提供相应的公共服务，因此私人资本几乎无法参与到公共事业。然而，随着1984年深圳沙角B电厂的合同签订，标志着我国私人资本进入公共事业的开端。虽然，此项目是以国外资本为主，但是也为我国今后的私人资本进入公共领域探索出新的天地。伴随着改革开放进程不断加深，尤其是党的十四大明确提出对经济进行体制改革，建设社会主义特色市场经济的提出，预示着我国PPP模式发展进入了新阶段，私人资本的发展与作用进一步提升。此后，中国十四届三中全会对税收体制进行了改革，地方财政被中央收回，致使地方政府开始重视私人资本，也为PPP模式发展提供了必要条件。此后，我国PPP模式得到快速发展，成立了多种项目。虽然，以失败告终居多，但是为今后我国PPP模式发展积累了宝贵经验。国家计划委员会2001年出台《关于印发促进和引导民间投资的若干意见的通知》，明确提出“鼓励和引导民间资本以独资、联营、参股、合作及特许经营等方式，参与经营性基础设施和公共事业项目建设”。该文件不仅为我国PPP模式进入公共事业提供了基础，同时也将特许经营定义为新型制度，加速了PPP公用事业的应用与发展，提升了市政等公用产业的工作效率。

（二）城市公用事业PPP模式发展的动因

首先，通过PPP改革加强竞争，提升公用事业运行效率。公用事业PPP模式发展对效率的提升体现在两方面：一是PPP模式将加速公用事业的经营和管理从政企合一的体制下转变成政企分离的体制，可解决政企合一背景下低效率问题；二是PPP模式可加速公用事业民营化，而民营企业的效率要远高于国有企业效率，也可以达到提升效率的目的。具体而言：（1）政企合一管理体制的公用事业服务低效率问题严重。当前，我国大部分大型公用事业投资项目都是由政府出资，企业并没有实质性的生产经营权力，即项目本身与企业收益并无关联。因此，一旦项目发生亏损，企业的损失将由政府补贴，这导致从事项目建设的企业没有经营风险，因此缺乏高效经营的动力。对此，需要改变公用使用建设政企合一现状并转变为政企分离的管理体制，鼓励私人部门进入城市公用事业，形成多体制共存的企业经营主体，减少政府对企业经

营的干预，打造具有竞争性的市场，切实提升公用事业体制性效率。（2）实践证明，私人部门在竞争性环境中比国有企业具有更高效率，因此世界发达国家以此为根据纷纷对垄断性产业进行民营化改革。但是在不同的环境中，私人部门和国有企业的效率略有差别。

其次，城市公用事业 PPP 模式发展有助于降低政府财政压力。处于治理角度考虑城市公用事业的价格管制往往较低，而且这种低价格甚至还低于边际成本价格，因此政府要承担较大的财政亏损。随着我国开放的不断深入，城市发展迅猛，与此相伴的城市基础设施需求快速增长。而在现有的价格管制环境和条件下，显然政府不能发挥其优化资源配置作用，高昂的公用事业成本价格致使城市公用事业发展放缓。而为了缓解这一阻碍，积极引入私人资本推动城市公用事业发展势在必行。在 PPP 模式下，私人企业负责项目的建设和经营，一方面可以减少政府的建设性财政支出，并增加公共财政支出，使更多资金流向教育、医疗和公共卫生领域，更好地推动社会福利发展；另一方面公用事业的 PPP 模式发展，有助于提升城市公用事业的价格管制，使更多私人资本积极投入到城市公用事业建设并获得相应收益，减少政府补贴和负担。

最后，城市公用事业 PPP 模式发展有助于提升公用事业产品和服务的供给能力，造福社会。随着我国经济改革开放发展，民营经济发展已经成为我国社会经济发展的重要组成部分，也为我国公用事业 PPP 模式发展提供了必要经济基础。尤其是在许多利好性政策的激励下，公用事业 PPP 模式发展可谓是大势所趋。截至 2018 年 9 月底我国共有市政工程类项目 4520 个，总投资 47815.51 亿元。从项目细分领域来看，市政道路项目 813 个、污水处理项目 706 个、垃圾处理项目 219 个、供水项目 143 个及供气项目 11 个。因此，可以预见，随着我国公共事业 PPP 模式的不断推进，私人企业将成为我国公共事业产品和服务的主要提供者，切实推动我国公用事业发展。

四、我国城市公用事业 PPP 改革存在的问题

（一）城市公用事业 PPP 模式契约精神不足

当前，我国城市公用事业 PPP 模式的合作机制为政府和私人企业签订合同，并以风险共担和利益共享的形式进行经营与管理，更加强调二者之间的合作关系。因此，在一个 PPP 项目中，政府的契约精神对项目的顺利开展与实施具有重要影响作用。然而，近年来许多 PPP 项目的失败是因为政府未能按照签订合同履行职责，这样不仅仅只是滞后了 PPP 项目的发展，更会对私人企业的参与积极性造成影响并对

其造成经济损失。同时，目前许多城市公用事业 PPP 项目严重缺乏前期论证工作，一些地方积极开展 PPP 模式其实质是为了降低自身的责任，并未将该项目作为政府的长期发展规划，因而不能保证 PPP 项目的质量和效率。此外，由于缺乏前期系统性规划，而许多 PPP 项目需要政府补贴。但是政府的财政吃紧，又导致 PPP 项目无法按时获得相应资金，进而形成了恶性发展循环，即缺乏前期规范—补贴不及时—项目滞后或者失败。

（二）缺乏 PPP 专门法律规范和相应监管评估体系

首先，城市公共事业的民营化改革就需要一定的法律法规作为基础和依据，但是目前我国缺乏相应的制度或者规范来约束政府行为。虽然，目前我国已经出台了十几部关于 PPP 模式发展的文件，但大部分属于部门规章或者规范性文件，并没有以法律形式加以规范，其保障性在具体实施过程中十分有限。在相关规范实行过程中，并不是由专门的相关执法机构统一执行，因此部门之间存在职能交叉现象，存在监管职责界限不明确，执法程度不一致，存在相互推诿或者有法不依等问题。尤其是在民营企业进入公用事业领域的相关规范，包括如何进入以及进入程度，目前正处于模糊发展阶段，因此加快相关领域的法律规范条文十分必要。除了中央监管部门具有监管职能交叉问题，地方层面也普遍存在相关问题。即使部分地区成立了公用事业的管制部门机构，但是许多职能仍然分布于其他管制机构。例如，城市公用事业管制部门仅能在行政和运营方面具有执行管理权力，而资本运营、成本核算以及价格等核心内容的监管权力则属于国资委或者物价局等机构。

（三）城市公用事业 PPP 项目融资模式缺乏创新，不能与现有金融体系相适应

由于城市公用事业 PPP 项目周期时间长且所需要资金量大，因此金融机构还并未针对 PPP 模式制定相关融资政策，致使 PPP 融资模式缺乏创新性。由于 PPP 项目的特殊性致使金融机构必须要对 PPP 项目进行前期论证以及对在项目建设过程中的资金使用情况进行监管，而这却与金融机构传统的抵押担保进行风险管理的模式大相径庭，因此城市公用事业的 PPP 项目难以获得正规渠道的金融支持。此外，公用事业 PPP 项目时间往往长达 15 年或者 20 年，而我国金融机构的长期贷款一般都在 10 年之内，因此并无适用于 PPP 项目的长期贷款产品。因此，在现有的金融环境中，PPP 项目难以获得固定利息贷款产品，其融资方式主要是根据项目本身承担利率变动风险。

五、加强 PPP 的政府有效监管优化国家治理体系

（一）城市公用事业 PPP 融资的法律框架体系构建

由于城市公用事业 PPP 项目众多，涉及领域广泛，因此为了保证城市公用事业的快速发展，只有优先建立相关法律体系框架，从根本上规范城市公用事业 PPP 模式发展。在构建相关法律体系之前，需要先在以下几方面进行完善：第一，将《宪法》作为城市公用事业 PPP 模式发展的基本法律框架，在保证大众利益的情况下，要始终明确城市公用事业产品和服务的提供者始终是政府，杜绝由传统的政府垄断转变为企业垄断，切实保障公众利益。第二，在立法之前需要确定法律的主要目标、立法原则以及规制内容。其中，立法目标是保证项目参与者的利益，立法原则要保证公平和公正，规制内容主要是当前存在的发展问题。第三，细分到 PPP 项目各环节，针对不同环节特征出台针对性法律。同时，要注意在专门法律中需要规定一般法的适用范围，避免造成法律条文的冲突等。在确定了相关法律的建设标准后，需要构建城市公用事业 PPP 项目的相关机制，包括：融资风险分担机制、融资监管机制和融资纠纷解决机制。具体而言：首先，对于融资风险分担机制而言，要按照科学步骤设计分担模式，包括：风险识别、风险评估、风险分担以及风险再分担。在风险承担原则方面，可以按照有能力一方承担、风险收益对等原则以及风险承担上限原则。例如，对于政策的变化所引发的风险可由政府承担，而由项目本身所引起的风险，包括私人资本的经验和技术不足等，则由私人企业承担。具体到实践阶段时，在项目评估初期，建议由政府对风险进行识别和评估，并初步判定双方的风险承担责任。

（二）打破行业垄断，拓展私人企业进入公用事业的渠道路径

由于公用事业的建设和经营属于长期项目，因此政府应当根据发展需要建立一个项目相匹配的长期战略规划，待发展完善后再向周边城市推广。例如，在国有企业退出公用事业方法方面，可逐步采取放弃控股、坚持股权、合资合作或者出售资产等方式逐步退出市场，为私人企业进入提供必要空间。同时，要尽可能地打破行业壁垒，消除公用事业中的无形体制限制，最大程度放开公用事业以及私人资本进入门槛。具体到实践操作方面，建议政府将私人经济投资政策具体化并具有可操作性。例如，拓宽城市公用事业的开放范围，制定私人资本参与公用事业的相关政策。对于符合标准的私人企业，快速办理相关准入手续，实行项目公示制度，保证项目的公开、透明与公平。

（三）提升政府契约精神，加大对 PPP 项目的支持力度

在具体的项目实施过程中，政府的契约精神和法治精神对 PPP 项目进行的效率和质量影响深刻，实证研究表明具有契约精神的政府不仅可以加快 PPP 项目的进程，同时也可以推动私人资本加入公用事业建设的积极性。对此，提升政府契约精神，通过法律约束等手段对违约行为进行惩罚，势在必行。在 PPP 项目合作过程中，如果政府发生了违约行为，应当制定相应的惩罚机制，不仅需要对相关违约人进行惩罚，同时也需要弥补私人资本，保证各参与方的基本利益。对此，需要建立相关激励机制，防止政府人员的违约失信行为。例如，在已经确定的 PPP 项目中，项目参与人的违约违纪行为记入当年的业绩考核。同时，政府行为向社会开放，接受公众和媒体监督。

参考文献

［1］ Al-Bahar，Jamal. Achieving Best Value in Private Finance Initiative Project Procurement［J］. *Construction Management and Economics*，21（5）：461－470.

［2］ Asha Gupta. *Beyong Privatization*［M］. London：Macmillan Press Ltd，2000：153－154.

［3］ Houghton J. Negotiating the Global and the Local：Evaluating Development Through Public-Private Partnerships in Durban，South Africa.［J］. *Urban Forum*，2011，22（1）：75－93.

［4］ Brench A，et al. Public-Private Partnerships in New EU Member Countries of Central and Eastern Europe［J］. *European Investment Bank*，2005，10（2）：83－111.

［5］ Sylvie Demurger. Infrastructure Development and Economic Growth：An Explanation for Regional Disparities in China?［J］. *Journal of Comparative Economics*，2001，(29)：95－117.

［6］ Buse，Walt. Global Public-Private Partnerships：Part Ⅰ-A New Development in Health［J］. *Bulletin of The World Health Organization*，78（4）：549－561.

［7］ Bel，G. ageda，X. Partial Privatisation in Local Services Delivery：An Empirical Analysis of the Choice of Mixed Firms［J］. *Local Government Studies*，2010，36（1）：129－149.

［8］ Rutgers，Haley. Project Risks and Risk Allocation. Cost Engineering，38（9）：27－30.

[9] W. K. Viscusi, J. M. Vemon, J. E. Harrington. *Economics of Rrgulation and Anti-trust* [M]. Massachusetts: The MIT Press, 2000.

[10] Noble G, Jones R. The Role of Boundary-spanning Managers in the Establishment of Partnerships [J]. *Public Administration*, 2006, 84 (4): 891 -917.

[11] Rosenbloom J. S. *A case study in risk management* [M]. Prentice Hall, 1972.

[12] Aschauer. D. A. "Is Public Expenditure Productive ?" [J]. *Journal of Monetary Economics*, 1989, (23): 177 -200.

[13] Monteduro, F. Public-private Versus Public Ownership and Economic Performance: Evidence From Italian Local Utilities [J]. *Journal of Management & Governance*, 2014, 18 (1): 29 -49.

[14] 陈思融、章贵桥：《民营化、逆民营化与政府规制革新》，载《中国行政管理》2013 年第 10 期，第 42 ~46 页。

[15] 李广子、刘力：《上市公司民营化绩效：基于政治观点的检验》，载《世界经济》2010 年第 11 期，第 139 ~142 页。

[16] 陈志敏、张明、司丹：《中国的 PPP 实践：发展、模式、困境与出路》，载《国际经济评论》2015 年第 4 期，第 68 ~84 页。

[17] 余逢伯：《新常态下 PPP 模式的机遇、挑战与对策》，载《金融论坛》2015 年第 8 期，第 75 ~80 页。

[18] 温来成：《现阶段我国 PPP 模式推广中的几个关键问题分析》，载《会计之友》2016 年第 6 期，第 2 ~7 页。

[19] 王健：《当代西方经济学派概览》，国家行政学院出版社 1998 年版，第 123 页。

[20] 王俊豪：《我国城市公用事业民营化的若干理论问题》，载《学术月刊》2010 年第 10 期，第 58 ~64 页。

[21] 陈婉玲：《公私合作制的源流、价值与政府责任》，载《上海财经大报》2014 年第 10 期，第 75 ~83 页。

[22] 张丽娜：《我国城市公用事业市场化中实施合同规制的问题分析》，载《中国行政管理》2009 年第 11 期，第 53 ~56 页。

[23] 宋金波、宋丹荣、姜珊：《垃圾焚烧发电 BOT 项目的风险分担研究》，载《中国软科学》2010 年第 7 期，第 71 ~79 页。

[24] 叶晓甦、徐春梅：《我国公共项目公私合作（PPP）模式研究述评》，载《软科学》2013 年第 6 期，第 6 ~9 页。

[25] 程连于：《PPP 项目融资模式的风险分担优化模型》，载《价值工程》2009